RÉFORME ÉLECTORALE.

RÉFORME ÉLECTORALE,

PAR

ERNEST LUCE.

Parler est bien, écrire est mieux, imprimer est
excellente chose ; car si votre pensée est bonne,
on en profite, mauvaise, on la corrige et on
profite encore.

(P.-L. COURIER.)

PARIS,

CHEZ CHARLES BOHAIRE, ÉDITEUR,

LIBRAIRIE CURIEUSE, RUE DE GRAMMONT, 6.

—

1841.

La loi électorale est la base de tout le système politique : la réforme électorale doit donc entraîner dans le droit politique d'autres réformes, d'autres modifications. La réforme, c'est, en un mot, toute une révolution dans le système politique de la France.

On ne doit, on ne peut changer les institutions d'un pays que lorsque la position politique l'exige, le commande ; les faits seuls doivent démontrer la nécessité de toute réforme, et pour l'opérer il faut consulter le principe du gouvernement et l'état politique de la nation.

Tel est le plan naturel de cet écrit.

Dans la première partie, on trouvera l'analyse des faits qui nécessitent la réforme, et, dans la seconde, la critique de nos institutions et l'examen des principes qui doivent présider à la réforme.

RÉFORME ÉLECTORALE.

CHAPITRE Ier.

SITUATION POLITIQUE.

Les révolutions politiques ont depuis un demi-siècle changé plusieurs fois le principe du gouvernement français, et ont donné naissance à plusieurs partis opposés en principes et en intérêts ; pour montrer combien la division entre ces partis est profonde, il suffit de faire l'analyse des événemens qui l'ont entraînée ; sur ce point, laissons à l'histoire et aux faits toute leur force, toute leur puissance ; ensuite il nous sera facile de prouver la nécessité, non pas de mettre fin à cette division, c'est chose encore impossible, mais d'en combattre les effets désastreux par une sage réforme de la constitution, nous nous trompons, des institutions.

Qu'il nous soit permis cependant d'anticiper sur un seul point. Nous ne reconnaissons un parti qu'autant qu'il s'appuie sur des intérêts assez puissans pour engager une lutte ; et depuis 1830, deux partis seulement nous semblent mériter l'attention : le parti démocratique et le parti aristocratique ; par ce dernier mot, nous n'entendons nullement parler d'une aristocratie d'origine, de noblesse, mais d'une aristocratie de position, de fortune.

L'origine, les intérêts, les tendances de ces partis, nous ne devons pas les examiner en cet instant; quant au parti légitimiste, on verra bientôt pourquoi nous n'en parlons pas.

Il serait peut-être intéressant de voir naître les deux partis que nous venons d'indiquer au milieu des luttes de la révolution de 89; nous préférerons cependant nous reporter à l'époque où ils se révélèrent d'une manière évidente, c'est-à-dire aux événemens de 1815; non pas que nous entendions dire qu'à cette époque, la lutte de la révolution fût terminée, cette lutte, que dès le début l'abbé Sieyès avait si heureusement définie dans un écrit resté célèbre à juste titre : *Quest-ce que le tiers-état? Tout. — Qu'est-il? Rien*; il faut laisser l'histoire nous retracer le souvenir de cette mémorable époque; désormais elle lui appartient.

Les campagnes de 1814 et 1815 décidèrent du sort de la France, elle fut vaincue; les traités de la Sainte-Alliance, le retour des Bourbons, la Charte, telles furent les conséquences de cette défaite. Pour bien apprécier les événemens qui suivirent, il faut nous arrêter à cette époque.

Les Chambres de 1814 et de 1815 ont laissé de tristes souvenirs; c'est à l'histoire qu'il appartient de les juger; cependant elles ne purent perdre toute mémoire de leur origine, de leur principe. Par un décret, le Sénat déclara donc *que la nouvelle dynastie n'était rappelée que sous la condition qu'elle accepterait et jurerait la nouvelle constitution, et sous la condition encore que cette constitution et ce rappel seraient formellement ratifiés par le peuple, consulté dans la forme qui serait déterminée, et que le roi réitérerait son serment dans la solennité où il recevrait celui des Français.*

Ce décret resta sans effet, mais il n'en subsiste pas moins comme protestation ; au reste, en fait et dans l'intention du parti légitimiste, la Charte ne fut qu'une concession de ses droits, et même, loin de les abandonner, ce parti eut toujours la prétention de s'être réservé le pouvoir de les recouvrer en temps et lieu, prétention fondée sur l'art. 14, devenu depuis si célèbre ; les auteurs de la Charte n'avaient pas oublié la restriction mentale du serment jésuitique. Il ne faut pas perdre de vue cependant que si la nation était vaincue, les principes nés de la révolution s'étaient trop profondément enracinés dans les mœurs nationales, pour que cette concession ne fût pas forcée ; la prétention de la légitimité n'était donc pas seulement une folle erreur, elle était une imprudence ; car, malgré ses revers, la nation n'avait perdu ni la conviction de ses droits, ni la conscience de sa souveraineté ; en un seul jour, elle n'avait pu oublier les principes qu'elle avait si hautement proclamés, qu'elle avait défendus avec tant de courage et d'énergie, ces principes pour lesquels elle avait combattu pendant vingt années ; elle eût pu accepter les Bourbons, mais renoncer aux principes de la révolution, jamais. On put s'en convaincre bientôt. L'impression produite par le préambule de la Charte, ne fut pas équivoque ; de toutes parts, on vit éclater un cri d'étonnement et d'effroi : les Bourbons furent de suite jugés, ils n'avaient rien appris, rien oublié ; dès ce moment la Charte fut comprise ; ce n'était plus l'acte qui contenait les garanties nationales ; la nation n'y vit que ce qu'elle renfermait, des priviléges (1) octroyés à une partie de la

---

(1) Des droits se reconnaissent, ne se donnent pas ; la Charte, concession de la légitimité, ne pouvait donner que des priviléges.

nation, en d'autres termes, le rapprochement des priviléges de naissance et de fortune.

La souveraineté nationale, la légitimité, ces deux principes si opposés, se trouvaient encore en présence ; la lutte fut bientôt engagée, nous en connaissons l'issue.

Le gouvernement des Bourbons ne comprit pas le danger de la position qu'il avait prise ; il se crut bientôt assez fort pour comprimer toute opposition nationale, et il ne tarda pas à regretter les priviléges accordés par la Charte ; ce regret, il le manifesta. Il oublia que ces priviléges n'avaient été octroyés que pour obtenir l'appui de l'aristocratie de fortune ; que les retirer c'était perdre cet appui; ou plutôt il se crut assez fort pour pouvoir le dédaigner.

Telle fut l'origine, la cause de l'opposition parlementaire. Dès ce moment les deux partis qui divisent aujourd'hui la France se trouvèrent réunis contre la Restauration, non que nous entendions dire qu'ils fussent confondus, qu'ils eussent le même but; alors, pas plus qu'aujourd'hui, ils ne le pouvaient pas, ils n'avaient pas les mêmes intérêts, la même origine ; les intérêts, nous les examinerons bientôt ; pour l'origine, nous venons de la dire. L'opposition parlementaire avait commencé le jour où elle avait craint pour ses priviléges octroyés; elle n'eut qu'un seul but, la conservation de ses priviléges ; et si quelquefois une opposition plus nationale apparut à la tribune, ce fut une exception ; que l'on se reporte à cette époque et l'on se rappellera la réprobation générale, si l'on conteste, nous dirons le cri unanime que ces rares exemples soulevèrent.

Quant à la nation, son opposition eut une origine bien plus puissante : sa souveraineté méconnue. Que lui importaient en effet quelques priviléges octroyés de plus ou de moins? Pouvait-elle perdre la conscience de ses droits, le souvenir de vingt années de sacrifices perdus, celui des traités de 1815, celui des principes que nos pères lui avaient légués. Vainement rappelait-on les droits des Bourbons et les souvenirs qui les unissaient depuis tant de siècles aux fastes de notre histoire; que nous importaient-ils ces droits et ces souvenirs à nous, enfans de ce siècle, qui ne connaissions les Bourbons que pour les avoir vu apparaître au milieu de nos désastres, et qui les avions vu sortir des rangs de nos ennemis pour monter sur le trône, pour nous dicter la loi des vainqueurs.

Pour établir que l'opposition nationale et l'opposition parlementaire n'eurent jamais le même but, il est inutile de rappeler les débats politiques de la Restauration ; l'opposition parlementaire, et depuis, celle que l'on qualifiait des 221, ne prévirent jamais les conséquences de leur alliance avec le parti national; bien plus, elles ne le pouvaient pas ; les priviléges ou les droits, si l'on veut, qu'elles défendaient, étaient opposés aux principes que représentait le parti national; car ces droits ils avaient été octroyés par la légitimité, ces droits n'étaient que des priviléges accordés aux dépens de ceux de la nation et contre elle, et leur existence était subordonnée à celle du gouvernement légitimiste; ce gouvernement renversé, toutes ses institutions étaient détruites, tous les droits octroyés par lui, anéantis. L'opposition parlementaire ne put donc jamais ni prévoir, ni désirer la Révolution de juillet, bien moins encore y prendre part.

Nous n'examinerons pas la valeur des droits de la légitimité, en d'autres termes, le droit divin ; ces droits ne peuvent subsister qu'autant que la nation consent à les reconnaître, et elle ne peut le faire sans renoncer à sa souveraineté ; nous dirons comme le fou de Philippe II à son maître : « *Je ne te comprends pas, lorsque tu dis oui ;* » *si tous répondaient non, que deviendraient tes droits et* » *ton pouvoir ?* » Que l'on ne s'étonne donc pas de nous voir rejeter le parti légitimiste au rang des factions ; son principe, il n'admet aucune transaction avec la souveraineté nationale ; ses droits prétendus, ils blessent la liberté, l'indépendance.

Mais revenons à la Révolution de juillet ; l'opposition parlementaire, par les droits qu'elle défendait, par les principes qu'elle représentait, avons-nous dit, avait dû nécessairement s'y montrer opposée ; il faut reconnaître cependant que cette opposition n'avait pas été entièrement inutile au parti national ; cette opposition ne manquait ni d'audace, ni d'énergie pour défendre ses droits privilégiés, ses intérêts égoïstes ; c'est ainsi que le gouvernement, absorbé par ce débat, perdit de vue cette autre opposition qui, depuis Foy et Manuel, avait disparu des luttes politiques ; mais le silence avait mieux profité au parti national que n'aurait pu le faire une lutte animée et incessante. Au jour du combat, il se releva fort, non plus de ses droits seulement, mais d'une volonté, d'une résolution unanime ; pour le vaincre, il ne fallut pas moins de vingt années et de vingt peuples coalisés ; pour ressaisir sa puissance, un seul jour lui suffit.

La victoire appartenait tout entière au parti national ; ses principes, ses intérêts seuls avaient triomphé ; l'opposition parlementaire n'avait rien à y prétendre ; absente au moment du combat, elle n'avait pu y prendre part ; les principes, les droits qu'elle défendait, qu'elle représentait, la révolution les avait anéantis. Tous les pouvoirs avaient été emportés au milieu de la tourmente populaire ; il n'existait plus aucune autorité constituée ; de fait, l'autorité appartenait aux chefs du parti national,

tous hommes d'une grande énergie, d'un patriotisme
éprouvé.

Cependant les circonstances étaient difficiles, les
momens précieux ; l'ordre paraissait régner partout et
régnait en effet ; mais l'on ne connaissait pas encore les
intentions des puissances européennes ; les prévoir, qui
l'aurait osé ? qui l'aurait pu au centre de ce mouvement ?
Avant tout il fallait donc organiser un gouvernement ;
mais, avant d'organiser un gouvernement, une première
question devait être résolue : à qui, de la nation ou des
Chambres, appartenait-il d'établir la constitution ? Dans
le premier cas, il fallait se borner à pourvoir à la sûreté
intérieure et extérieure par des mesures provisoires et
convoquer la nation à l'effet de choisir ses représentans ;
dans le second, il suffisait de reconnaître aux Chambres
des pouvoirs suffisans ; ce fut à ce dernier parti que l'on
s'arrêta, et, en agissant ainsi, nous admettons que l'on
crut obéir à la prudence et au vœu du pays : avant d'accuser les chefs du parti national, il faut se rappeler le
trouble qui existait dans les esprits, et le danger des
circonstances ; mais, si nous ne portons aucune accusa-
tion, il nous est impossible de ne pas regretter qu'à cette
époque il ne se soit pas trouvé au pouvoir un homme
dont le jugement fût assez élevé pour comprendre et faire
comprendre que ce n'était pas seulement le doute du patriotisme et le défaut de pouvoir qui devaient faire repousser la Chambre, mais encore le principe dont elle
était sortie ; que, nommée par des électeurs privilégiés,
elle ne représentait que les intérêts de ces électeurs, c'est-
à-dire que les droits, les priviléges octroyés, créés par la
Charte de 1815 ; que ces droits n'étaient pas ceux que la
Révolution de juillet avait fait triompher ; que ces intérêts
n'étaient pas seulement étrangers, mais contraires à ceux

de la nation. Regrettons qu'en juillet 1830 un tel homme ne se soit pas rencontré, mais ne nous abaissons pas à d'impuissantes personnalités. L'avenir réclame l'énergie, au passé un regret.

Examinons l'usage que les Chambres firent du pouvoir qui leur était donné. Alors il eût été difficile, impossible même de se soustraire à la force des événemens ; les Chambres devaient obéir avant tout aux volontés nationales : la reconnaissance de la souveraineté nationale, l'exil des Bourbons, l'abolition de la censure, la liberté des cultes, celle de la presse, la suppression de l'art. 14, toutes ces lois impérieusement commandées furent promptement promulguées ; la meilleure des républiques, ce vœu exprimé par Lafayette, était alors le vœu unanime, un instant on put le croire réalisé. Mais on oubliait que la loi électorale, la constitution de la pairie, les lois sur la presse, sur la responsabilité ministérielle, que toutes les lois organiques enfin étaient ajournées. On oubliait surtout que la Chambre des députés ne comptait encore que 252 votans, la Chambre des pairs 89. On oubliait que, nommées sous l'empire de la restauration , ces Chambres renfermaient nécessairement des hommes dévoués au gouvernement déchu ; que, revenus d'un moment d'inquiétude, ces hommes ne tarderaient pas à profiter des droits qu'on leur laissait, pour combattre les effets de la révolution. On oubliait enfin que ces Chambres ne tenaient leurs droits que des concessions de la Restauration, que depuis quinze ans elles ne connaissaient que la Charte de 1815.

Et maintenant, il nous reste peu de choses à ajouter ; nous avons vu l'origine des deux partis. Unis un instant et par la force des choses, après la Révolution de 1830, leurs principes, leurs intérêts les ont bientôt divisés ; vainement les Chambres furent-elles considérées comme les mandataires de la nation ; par leur origine, elles ne représentaient que les classes supérieures de la société, et par une loi rigoureuse, elles devaient obéir plus ou moins aux intérêts qu'elles représentaient, jamais surtout les oublier ; le pouvoir resté entre leurs mains, elles devaient tendre sans cesse à l'y affermir.

Cette origine fatale devait donc présider à toutes les lois, à toutes les institutions ; ces lois, ces institutions, nous les examinerons dans la seconde partie de cet écrit ; il nous suffit, pour le moment, de constater l'origine, les principes, les intérêts qui dirigèrent la politique des Chambres, origine, principes, intérêts opposés à la souveraineté nationale ; ne nous étonnons donc pas si les lois organiques de la constitution blesseront souvent les principes que la Révolution de juillet avait fait triompher, avait inscrits en tête de la constitution ; ne nous étonnons donc pas si la loi électorale conservera aux classes supérieures la jouissance exclusive des droits politiques, si toutes les institutions conserveront des priviléges et blesseront des droits ; mais ces droits existent, on a pu les méconnaître, mais non les anéantir ; bornons-nous, pour l'instant, à les constater, nous les discuterons plus tard.

Depuis trop long-temps cet état de choses pèse sur la France ; mais loin de nous la pensée d'effrayer par le tableau des souffrances qui affectent toutes les classes sociales. Laissons aux faits toute leur éloquence, nos paroles ne pourraient qu'en affaiblir l'impression. Quoi de plus puissant que cette pensée générale qui est au fond de tous les cœurs, qui réunit toutes les opinions ? L'incertitude de notre avenir politique, la faiblesse de nos institutions ; évidemment cet état a une cause, et c'est cette cause qu'il nous faut non analyser, mais détruire. Devant un malade, la science ne doit laisser échapper que des paroles de consolation, des conseils ; elle réserve le scalpel, l'analyse pour le cadavre.

Le système du gouvernement tend à assurer l'autorité aux classes influentes de la société ; à l'exemple de l'Angleterre, il veut élever une aristocratie puissante. Dans ce système, les classes inférieures ne représentent qu'une force matérielle ; leurs intérêts, ce sont ceux des classes aristocratiques, parce que, dit-on, elles en dépendent, elles sont soumises à leur influence ; leurs droits, on ne leur en reconnaît aucun. Mais on oublie que le gouvernement français est représentatif, que le principe de ce gouvernement est la souveraineté nationale, que ce principe ne peut admettre un semblable système ; on oublie que ce système est celui des priviléges, qu'un privilége n'existe qu'autant que des intérêts, des droits sont sacrifiés, et aux dépens de ces droits, de ces intérêts. On oublie que ces classes inférieures de la société font seules la force d'un État ; que ces classes ont des intérêts distincts, des droits sacrés ; on oublie qu'on ne peut, sans affaiblir la puissance de ces classes, sacrifier leurs droits, que leur faiblesse entraîne celle de l'État. A quelque degré de richesse, de puissance, que ce système puisse conduire un gouvernement représentatif, ce ne sera jamais qu'un colosse aux pieds d'argile.

Mais ne nous effrayons pas d'un avenir aussi menaçant, l'exemple de l'Angleterre nous est inutile ; détournons les yeux de son aristocratie si riche, si puissante, si éclairée, de son peuple si pauvre, si abruti. En France, l'égalité est au fond de tous les cœurs ; depuis cinquante ans, nos lois ont consacré l'égalité civile ; la constitution a reconnu l'égalité des droits politiques ; les lois seules en refusent la jouissance ; tôt ou tard, il faut que cette jouissance soit accordée.

Ne nous effrayons pas davantage des partis qui divisent la nation : la Révolution de juillet a renversé la dynastie des Bourbons, leurs institutions devaient tomber avec eux ; par un concours de circonstances déplorables, ces institutions sont restées ; les droits, nous nous trompons, les priviléges qu'ils avaient créés ont trouvé de nouveaux défenseurs. Mais l'œuvre de la Révolution de juillet ne peut rester incomplète.

Poursuivons, en jetant un rapide coup-d'œil sur la situation politique vis-à-vis des puissances étrangères. Il suffit de parcourir les traités de 1815 pour acquérir la conviction que l'intention des puissances coalisées fut uniquement d'affaiblir la France et de la mettre dans l'impuissance, pour de longues années, d'entreprendre toutes nouvelles guerres d'indépendance ; ils ne l'abandonnèrent que lorsqu'elle fut désarmée et qu'ils eurent obtenu des Bourbons la signature des traités de 1815. Cette dynastie, dans la pensée de la coalition, ne fut peut-être qu'un moyen de plus pour contenir, réprimer davantage la nation ; que l'on nous accuse d'exagération, cela est possible ; mais on doit nous excuser en se rappelant que par les traités de 1814 et 1815, les Bourbons avaient abandonné nos principales places ; consenti que nos frontières fussent ouvertes de tous côtés aux invasions étrangères : abandonné nos colonies ; livré notre marine et payé une indemnité de deux milliards : nous ne rappelons pas les articles secrets ; il n'est pas permis, en présence de ces traités, de repousser l'exclamation échappée sous la Restauration : *Les Bourbons ne sont que les geôliers des puissances coalisées.* Qu'importe que pour excuse l'on invoque les défaites de la France, la loi des vaincus, la nécessité !

était-ce à ceux qui se disaient Français de venir imposer la loi des vainqueurs ?

Abandonnons ces tristes souvenirs, et arrivons de suite à 1830. La France avait retrouvé ses forces, mais non recouvré sa puissance ; car les traités de 1815 pesaient toujours sur elle : aussi les conséquences de cette révolution sur les relations extérieures durent vivement préoccuper. Quelle que fût la mauvaise disposition des puissances étrangères, ce n'était pas le renversement des Bourbons qui excitait les craintes ; la France voulait la guerre, ou plutôt l'anéantissement des traités. Profitant des dispositions de la Pologne, de l'Italie, de la Belgique, peut-être même de quelques provinces rhénanes, devait-on engager la guerre ? Cette guerre n'était rien moins que la terrible lutte de la Révolution. La France était décidée ; cependant les conséquences de cette lutte préoccupaient et devaient préoccuper le gouvernement.

Au milieu de ces pensées, une nouvelle combinaison fut offerte : c'était l'alliance de l'Angleterre. Les résultats que l'on en attendait présentaient de grands avantages ; c'était donner de suite à la France une position imposante, maintenir la paix, et cependant obtenir la révision, non pas immédiate, mais prochaine, des traités de 1815. La première condition était un traité dont les clauses fussent précises. Eut-il lieu ? Aujourd'hui que rien ne s'oppose, loin de là, à ce que ce traité soit publié, il n'a été livré aucun document qui pût indiquer quelles furent les conditions et le but de l'alliance britannique. Pour le jugement à porter sur l'alliance en elle-même, il était facile de le rendre favorable : cette alliance donnait à la France une position puissante, qui lui permettait de présenter ses réclamations avec dignité et sans menace de guerre. Les résultats furent-ils conformes à cette pensée ?

Les événemens, à cette époque, se suivirent avec rapidité : la Pologne engagea promptement la lutte avec la Russie. Que l'on accuse ce soulèvement de précipitation et d'imprudence, soit ; l'on pouvait alors prétendre qu'il fallait attendre les résultats de l'alliance britannique. Mais les événemens qui suivirent prouvèrent bientôt que s'il y avait eu faute, ce n'était pas l'Angleterre qu'il fallait accuser. Bientôt, en effet, survint la révolution de Belgique, et, dès ce moment, les conséquences de l'alliance britannique ne purent laisser aucun doute sur l'avenir. Nous n'avons pas à examiner quels étaient les intérêts réels de l'Angleterre ; mais, dès lors, il fut évident que notre allié n'avait pas abandonné son système contre la France, ou du moins contre sa puissance, et que, loin d'abandonner les traités de 1815, elle ne s'était alliée à nous que pour nous obliger à les supporter. Cependant l'alliance fut maintenue, par la raison que la guerre était devenue impossible. L'étranger avait apprécié mieux que qui que ce fût, les conséquences du système du gouvernement et des lois de 1830 ; il savait que toute la force résidait dans l'énergie nationale ; cette énergie paralysée, il ne craignait plus la France. Aussi le gouvernement, lorsque les dispositions de l'Angleterre furent enfin connues, ne put pas même agiter la question de la guerre ; il se trouvait sans force ; *les Chambres ne voulaient pas la guerre.* Dès lors fut accepté et dut être accepté le système de la paix à tout prix. Oublions les événemens qui suivirent, il sera temps de s'en souvenir au jour de la vengeance. Que l'on n'accuse pas la nation d'indifférence : le prisonnier reste muet sous l'injure, et cependant il la sent et ne l'oublie pas.

Bornons-nous à résumer en peu de mots notre position vis-à-vis des puissances étrangères, la Russie, la Prusse,

l'Autriche : puissances absolues, le principe de leur constitution les unit ; mais ce n'est pas seulement le principe
de leur gouvernement qui les éloigne de la France : les
traités de 1815 doivent entraîner des conséquences
fatales. Pour la France, il faut qu'elle obtienne tôt ou tard
la révision de ces traités. La Russie, la Prusse, l'Autriche
ont acquis, depuis quarante années, une puissance considérable. La Russie non seulement a conservé la Fin-
lande, l'Estonie, la Courlande, la Livonie, elle a encore
reculé ses limites en Turquie, en Asie, en Europe. La
Prusse a obtenu une partie du royaume de Saxe, la
Westphalie, les cercles du Rhin ; son autorité s'étend sur
toute la confédération d'Allemagne. L'Autriche a recouvré toutes les pertes qu'elle avait dû supporter pendant
les guerres de la Révolution. La France, en présence d'un
tel état de choses, ne peut rester sous le coup des traités
de 1815 ; sa sûreté, son indépendance lui imposent le
devoir d'anéantir ces traités. Que l'on se rappelle les paroles prononcées au camp de Wosnezensk par l'empereur Nicolas à l'archiduc d'Autriche : « Voilà une armée
» au service de quiconque voudra faire la guerre à la
» France. » Vis-à-vis de telles dispositions, devons-nous
rester désarmés ?

Nous devons renoncer à examiner la situation politique
de la France vis-à-vis de l'Angleterre ; nous nous bornerons à dire que cette puissance ne renoncera pas aux
traités de 1815 ; elle seule ne le peut sans oublier ses
intérêts.

La France ne peut donc compter sur aucun allié ;
toutes les puissances lui sont opposées, du moins contraires de principes et d'intérêts.

Mais la France renferme une population nombreuse ;
si ses frontières sont ouvertes, elle peut les couvrir en

quelques jours d'un million d'hommes armés, intrépides.
Ses ressources financières sont immenses. Au besoin, on
sait qu'elle y supplée. En un mot, trop forte pour ne pas
inspirer des craintes, elle ne l'est pas assez pour se faire
respecter (1).

La méfiance que le gouvernement trouve chez les
puissances étrangères est donc naturelle ; il en est réduit
à une politique d'isolement, digne, s'il était assuré de
l'appui de la nation, mais dangereuse avec les élémens
de discorde que nous avons signalés. Nous en connaissons l'origine ; nous les avons trouvés dans les institutions
de la Restauration, conservées après la Révolution de
juillet. Il serait impolitique de persister plus long-temps
dans ce système ; mais cela est impossible. N'est-ce donc
pas vouloir continuer une lutte que la victoire a déjà
décidée (nous nous trompons, car la lutte des principes est terminée), mais remplace r cette lutte par une
autre plus dangereuse, plus terrible, la lutte des intérêts ? Tout gouvernement s'appuie sur un dogme fondamental : celui du gouvernement représentatif ; c'est la
souveraineté nationale ; en d'autres termes, la représen-

---

(1) Nous aurions désiré présenter l'analyse des relations de la
France avec les puissances étrangères depuis 1830, examiner les
intérêts politiques des diverses puissances, présenter un tableau
des forces de chaque État, enfin discuter les ressources de la
France. Les développemens que ce sujet eût entraînés, nous ont
obligé à y renoncer.

Nous nous bornerons à recommander un ouvrage qui renferme
sur cette question de précieux documens :

La France depuis 1830, aperçu sur la situation politique,
militaire, coloniale et financière, par J. Milleret, ancien député.
Chez Perrotin et Dufour, rue des Filles-Saint-Thomas, 1.

tation de tous les intérêts de la nation. Là est sa force,
son autorité, son indépendance. Si ce gouvernement ne
s'appuie que sur une partie de ces intérêts, sa force dimi-
nue de tous ceux qu'il néglige, et son indépendance
cesse ; mais si ces intérêts sont opposés, sa force dimi-
nue encore de la résistance des intérêts opprimés. Telle
est, en principe, la cause de la faiblesse du gouvernement. Si à cette cause originaire l'on ajoute toutes les
causes secondaires, telles que l'ambition, la rivalité,
l'égoïsme de toutes classes privilégiées, l'on comprendra
tout ce que la position actuelle renferme de dangers.
Depuis onze ans, on a pu apprécier tout ce qu'il y a de
force, d'énergie, dans un ordre privilégié, pour défendre
son pouvoir ; mais on a vu aussi tout ce qu'il met de
basse rivalité dans le partage de l'autorité, de faiblesse
dans l'exercice de sa puissance. Qu'en est-il résulté ?

Nous ne parlons plus des lois promulguées depuis 1830.
Qu'importe, en effet, que la Charte ait proclamé la souveraineté nationale, la loi du 19 avril a été promulguée ?
qu'importe que l'article 68 ait déclaré que l'article 23 sur
la constitution de la pairie serait soumis à un nouvel
examen, la loi n'a-t-elle pas reconnu qu'il ne s'agissait
que d'une question d'hérédité ? qu'importe que l'article 7
ait déclaré que la censure ne pourrait jamais être rétablie,
les lois de septembre ont été rendues ? qu'importe que
l'article 5 ait proclamé la liberté des cultes, etc.? On l'a
dit : « Il y a une Charte, il y a des lois ; nous nous en
» tenons, pour notre compte, à la législation établie, et
« nous n'avons pas envie, à chaque question qui se pré-
» sente, de remonter jusqu'à l'origine du gouvernement
» et aux principes abstraits du contrat social. » En d'autres termes : Nous avons des lois, qu'importe si elles
blessent le principe de la constitution ?

Laissons les récriminations; laissons, d'un côté, accuser
le gouvernement de n'inspirer aucune confiance, aucune
sécurité pour l'avenir ; de l'autre, se plaindre de l'opposition, des divisions qui existent dans la nation. Ne croi-
rait-on pas, en présence des débats politiques, qu'un
gouvernement soit établi, non pas seulement pour
représenter la nation et la faire respecter, mais pour
la comprimer ? Si l'on examine les lois, ne semble-t-
il pas « qu'au lieu d'être établies pour maintenir l'or-
» dre, on n'ait en vue que d'élever un échafaudage
» de précautions inouïes, non pas seulement contre
» le désordre, mais contre l'apparence du désordre? »
Aujourd'hui, tous les partis sont comprimés ; mais
la puissance nationale qu'est-elle devenue? Toute la
force, tout le pouvoir des intérêts privilégiés ont été
dirigés contre la résistance des intérêts opprimés. Mais
le gouvernement, épuisé par cette lutte, est resté sans
force pour la défense des intérêts nationaux ; soutenu,
encouragé dans cette lutte par les classes privilégiées, il
a été abandonné devant l'étranger; enfin, toute la puissance nationale s'est anéantie dans ces tristes débats. Ce
n'est pas du haut de la tribune qu'il faut juger de la puissance de la nation française, que la Révolution avait forcé
l'Europe d'appeler la *grande nation* ; c'est au milieu des
pays étrangers qu'il faut se rendre. Là, si la valeur, si la
noblesse du caractère français sont encore respectées, l
n'en est pas de même de notre puissance, de nos intérêts
politiques et commerciaux. Honte au Français qui peut
accepter froidement le dédain avec lequel l'étranger
accueille les réclamations de la France! Et c'est parce
que nous avons ressenti l'insulte, parce que notre cœur
s'est soulevé plus d'une fois sous les dédains de l'étranger, que, pour nous, tout en conservant au fond du

cœur la conviction de notre force, nous en sommes arri-
vés, non pas à douter de notre puissance, mais à garder
le silence. Mais ce serait une erreur de considérer la
lutte intérieure comme terminée : elle ne peut l'être, les
causes qui l'ont entraînée subsistent toujours. Vainement
les classes privilégiées ont profité de leur position pour
assurer leur pouvoir ; la partie de la nation dont les intérêts ont été méconnus, sacrifiés, conserve la conviction
de ses droits, et son opposition, réduite à une force
d'inertie, n'en est ni moins forte, ni moins puissante ; car
on peut la comprimer, mais non la forcer à donner sa
confiance, son appui. Cet état ne peut durer ; le jour
viendra où cet appui sera nécessaire, et c'est alors qu'une
réaction dangereuse serait inévitable. Que l'on ne s'y
trompe pas, nous reconnaissons aux classes privilégiées
des intérêts puissans, une autorité réelle ; mais l'usage
qu'elles font aujourd'hui de cette autorité peut leur être
fatal. Elles compromettent peut-être leurs intérêts ; en
soutenant la lutte qu'elles ont engagée ; en confondant les
intérêts nationaux avec l'expression des factions anar-
chiques, elles élèvent imprudemment pour l'avenir des
périls imprévus. Au jour du danger, ne peut-on pas
craindre de voir la nation demander à l'énergie des passions un secours que ces classes privilégiées ne pourront
plus lui donner ; car leur ambition aura détruit leur autorité. Sans cesse on évoque le souvenir des excès de la Révolution ; mais on oublie de rappeler ses dangers ; mais
on oublie que nos pères nous ont appris à ne reculer
devant aucun sacrifice, pour assurer l'indépendance nationale. Aussi, c'est avec la conviction de la force, de la
puissance des droits, des intérêts méconnus, que nous
venons demander la révision de nos institutions ; et, en la
demandant, nous présentons en même temps l'appui des

classes pour lesquelles nous demandons la jouissance des droits politiques.

CHAPITRE II.

§ 1er.

VICES DE LA CONSTITUTION.

« Le préambule de la Charte constitutionnelle est sup-
» primé comme blessant la dignité nationale en parais-
» sant octroyer aux Français des droits qui leur appar-
» tiennent réellement. »

Loin de nous la pensée d'examiner si ces expressions renferment la reconnaissance de la souveraineté natio-nale ; cette souveraineté, « aucun climat, aucun temps,
» aucune constitution, aucun contrat, ne peut ni la dé-
» truire, ni même l'affaiblir. » (BLACKSTON.) (1)

---

(1) « Dira-t-on qu'une nation peut par un premier acte de sa
» volonté, à la vérité indépendant de toute forme, s'engager à ne
» plus vouloir à l'avenir que d'une manière déterminée? D'abord,
» une nation ne peut ni aliéner, ni s'interdire le droit de vouloir,
» et, quelle que soit sa volonté, elle ne peut pas perdre le droit de
» la changer dès que son intérêt l'exige. En second lieu, envers
» qui cette nation se serait-elle engagée? Je conçois comment elle
» peut obliger ses membres, ses mandataires et tout ce qui lui
» appartient ; mais peut-elle en aucun cas s'imposer des devoirs
» envers elle-même? Qu'est-ce qu'un contrat avec soi-même? Les

En principe, la souveraineté de la nation ne peut jamais être méconnue ; le 29 juillet 1830, elle fut proclamée la base de la constitution.

Vainement voudrait-on rappeler que la Révolution de 1830 s'accomplit aux cris de *Vive la Charte !* ces cris, que signifiaient-ils ? Le maintien de cette Charte : par une contradiction réelle, n'était-ce pas à ces cris et par ces cris qu'on l'anéantissait ? Maintenir cette Charte après la Révolution, mais c'eût été répondre par une ironie à un sentiment unanime dont l'expression si elle était inexacte n'en était pas moins vraie ! Pour avoir droit aux respects, quels eussent été les titres de cette Charte ? Son origine, mais elle datait de nos revers ; ses principes, mais, complément des traités de 1815, elle ajoutait à la perte de l'indépendance nationale, l'anéantissement des libertés publiques ; au principe de la souveraineté nationale, elle substituait celui de la légitimité, du droit divin, à l'égalité politique, un système de priviléges ; en un mot, loin d'être une constitution aux yeux de la restauration, elle n'était qu'une concession de ses droits ; pour l'opposition, elle ne fut qu'une faible concession faite aux principes nationaux ; le parti national sut, avec adresse, se servir de cette Charte pour combattre la légitimité elle-même et la vaincre ; mais jamais la Charte ne fut reconnue, sanctionnée comme la constitution de l'Etat. La France, il est vrai, dans son désespoir, s'en saisit pour combattre ; car c'était la seule arme que les défaites lui avaient laissée ; mais prétendre, parce qu'elle avait re-

---

» deux termes étant la même volonté, on voit qu'elle peut toujours
» se dégager du prétendu engagement. »

(Sieyès.)

trouvé la victoire, que cette arme devait lui suffire, c'eût été une infâme trahison.

Vive la Charte voulait dire : à bas la restauration ; vive la Charte, si l'on veut encore, c'était le cri d'une constitution dont tous sentaient le besoin en présence des dangers qui rendaient l'avenir si menaçant.

Le 29 juillet, la légitimité était vaincue, ses institutions anéanties ; la souveraineté nationale l'avait remplacée. Le 29 juillet, il n'y avait plus ni constitution, ni pouvoir constitué.

Cependant, qu'étaient les députés ? Pour répondre à cette question, il suffit d'interroger leurs mandats ; le tenaient-il de la nation ? mais ils avaient été nommés par les électeurs privilégiés de la Charte de 1815. N'examinons pas quelle était la valeur de ce mandat, et reconnaissons de suite que les circonstances leur en avaient donné un autre. Nous sommes disposés à les considérer, par la force des événemens, pour les mandataires de la nation ; mais ce mandat, né des circonstances, ne pouvait s'étendre au-delà des besoins du moment ; nous devons aller plus loin, et dire qu'en acceptant ce nouveau mandat, ils avaient renoncé au mandat qu'ils avaient reçu des électeurs. Commençons par examiner ce dernier point : évidemment, comme députés par les électeurs, leur mandat était restreint ; en cette qualité, ils ne pouvaient modifier en rien l'acte qui tenait lieu de constitution et qui fixait leurs droits ; loin que cet acte leur reconnût le pouvoir constituant, comme législateurs, il ne leur accordait aucun pouvoir sans le concours du roi et de la Chambre des Pairs ; l'initiative des lois leur était refusée ; à plus forte raison n'avaient-ils aucun mandat pour prononcer la déchéance des Bourbons, et la violation de la Charte leur eût-elle donné ce droit, ils n'en avaient au-

cun pour élire un autre roi ; où auraient-ils puisé ce
dernier droit ? Dans le mandat des électeurs ; évidemment non, car ces électeurs ne pouvaient leur donner plus de droits qu'ils n'en avaient eux-mêmes ; ils
n'étaient électeurs que par une concession de la légitimité ; ils n'avaient donc aucun pouvoir pour prononcer
la déchéance du roi dont ils tenaient tous leurs droits.
Quelle autorité pouvait donc prononcer la déchéance ? La
nation seule. Ce n'est pas un acte d'assemblée législative
qui peut prononcer une déchéance ; il faut une autorité
plus puissante, plus élevée, celle de la nation dont les
décrets se burinent dans l'histoire et non dans des actes
législatifs. Au 29 juillet, la souveraineté, l'autorité, le
gouvernement étaient donc dans les mains de la nation,
et, nous le répétons, la Chambre des pairs, la Chambre
des députés étaient anéanties avec la Charte.

Les Chambres, en se réunissant, en acceptant l'autorité,
acceptaient aussi un nouveau mandat, et ce mandat elles
le tenaient de la révolution seule, c'est-à-dire de la souveraineté nationale.

Les circonstances avaient donné le mandat, les circonstances seules doivent l'expliquer. Le besoin d'une constitution était évident ; mais, quel que fût le nom dont on
allait la qualifier, c'était une nouvelle constitution, car la
base de toute constitution c'est un principe, et le principe
de la souveraineté nationale allait remplacer celui du
droit divin. Nous le répétons, nous n'acceptons la Charte
de 1830 que comme une constitution nouvelle ; entre la
Charte de 1815 et celle de 1830, il y a pour nous toute la
distance d'un gouvernement imposé par l'étranger à un
gouvernement national, toute l'opposition du principe
du droit divin au principe de la souveraineté nationale.
Que l'on ne s'y trompe pas : rattacher la Charte de 1830 à

celle de 1815, c'est retirer à cette Charte, au gouvernement toute force et toute autorité.

N'oublions pas que la Charte de 1815 fut un mensonge, mensonge pour la Restauration qui s'en servit pour combattre les libertés nationales, mensonge pour l'opposition qui, plus habile, s'en servit pour combattre cette Restauration. Mais, dira-t-on, en 1830 on applaudit ces paroles : « La Charte sera désormais une vérité. » Et depuis quand un mensonge peut-il devenir une vérité ? Que l'on y prenne garde, nous ne blâmons ni ces paroles, ni le sentiment qui a dicté ces applaudissemens, mais si l'on rattache la Charte de 1830 à celle de 1815, ces paroles deviennent odieuses ; la Charte de 1815 avait été dans la pensée de tous un acte faux et mensonger, un acte qui avait offert des armes à tous les partis ; le maintenir, mais après s'en être servi contre la Restauration, c'était se réserver une arme contre la Révolution, c'était répondre par une ironie à une victoire éclatante, ironie imprudente toutefois : la Charte de 1815 n'est-elle pas une arme à deux tranchans ? Non, pour nous, en présence des événemens, ces paroles ne peuvent avoir qu'un sens évident et noble, le respect à la loi du pays, et cette loi c'était la souveraineté nationale.

La Révolution de 1830 avait renversé les Bourbons ; les Chambres, en prononçant la déchéance, acceptèrent le mandat de la Révolution ; mais ce mandat fortuit était évidemment limité par le principe que la Révolution avait fait triompher ; le pouvoir constituant, c'est-à-dire la souveraineté, avait été rendue à la nation ; les Chambres ne pouvaient donc disposer de cette souveraineté sans son consentement et sa ratification.

Ce mandat fut-il bien compris, nous ne voulons pas l'examiner, car peu nous importe. Nous connaissons les pouvoirs des Chambres ; cela nous suffit. Examinons la constitution de 1830.

Le premier acte des Chambres fut d'anéantir le préambule de la Charte ; qu'importait ce préambule, n'était-il pas disparu avec les Bourbons ? Il est pénible de le reconnaître, mais cette disposition rapprochée de celle qui déclare la déchéance des Bourbons, peut démontrer l'intention évidente de maintenir la Charte de 1815, et nous ramène forcément à repousser de nouveau cette prétention. Par une étrange erreur, il fut dit :

« La Chambre des députés prenant en considération
» *l'impérieuse nécessité* qui résulte des événemens des 26,
» 27, 28 et 29 juillet, et de la situation générale où la
» France s'est trouvée placée à la suite de la violation de
» la Charte constitutionnelle ;

» Considérant en outre que, par suite de cette violation
» et de la résistance héroïque des citoyens de Paris, S. M.
» Charles X, S. A. R. Louis-Antoine, dauphin, et tous
» les membres de la branche aînée de la maison royale,
» *sortent* en ce moment du territoire français ;

» *Déclare que le trône est vacant en fait et en droit, et*
» *qu'il est indispensable d'y pourvoir.* »

Le trône est déclaré vacant et on appelle, en l'abscence de la branche aînée, la branche cadette des Bourbons ; n'est-ce pas ce que l'on pourrait supposer à la lecture de cette disposition, le *trône vacant!* Evitons de tristes réflexions, et reconnaissons que nous nous étions trompés volontairement en faisant supposer que nul n'avait eu l'intention de rattacher la Charte de 1830 à celle de 1815. Ne lisons-nous donc pas dans cet acte qui déclare le trône vacant, annule le préambule ; « la Chambre déclare *selon* » *le vœu et l'intérêt du peuple français,* que les articles sui- » vans de la *même* Charte doivent être supprimés ou mo-

» difiés de la manière qui sera indiquée..» L'intention est évidente; mais quelle que soit la pensée qui ait pu
présider à cette rédaction , il n'a pas été au pouvoir des
auteurs d'anéantir les faits; bien plus, ils n'ont fait que
les reconnaître. En constatant le vœu et l'intérêt du peuple français, la Chambre a constaté le seul mandat qu'elle
avait; en supprimant le préambule de la Charte, elle a
proclamé la souveraineté nationale; en modifiant la
Charte, elle a fait une constitution nouvelle; en un mot,
elle a reconnu qu'elle tenait ses pouvoirs , non des électeurs, mais de la souveraineté nationale.

Les termes peuvent être équivoques , mais les circonstances les expliquent. Pourquoi nous arrêter? La Charte
de 1815 est morte avec la Restauration; ne nous en occu-
pons donc plus , et commençons à discuter la constitution de 1830.

Nous avons dit qu'en énonçant qu'elles agissaient selon le
vœu et l'intérêt du peuple français, les Chambres avaient
formulé leur mandat; qu'en abolissant le préambule de
la Charte, elles avaient reconnu la souveraineté de la nation; que cette souveraineté était la base fondamentale
de la Charte, et qu'elle dominait cette Charte elle-même
et toutes les institutions. Tels sont les principes qui doivent nous guider dans notre discussion; mais, avant d'aller plus loin, il faut observer que nous avons dû restreindre cette discussion aux seules dispositions qui blessent
les principes que nous venons de rappeler; car il ne faut
pas perdre de vue qu'il ne s'agit pour le moment ni du
droit électoral, ni des institutions, mais uniquement de
savoir si les lois constitutionnelles n'ont porté aucune atteinte au principe de la constitution; ce n'est donc que
sous ce seul côté que nous allons examiner successive-

ment les lois électorales et celles qui concernent le pouvoir exécutif et les Chambres.

LOIS ÉLECTORALES.

Les lois qui ont présidé à la formation des sociétés, ont fixé des limites aussi bien à la liberté politique qu'à la liberté civile; outre-passer ces limites, c'est amener le désordre, l'anarchie. L'incapacité du citoyen, sa dépendance politique, telles sont ces limites. Mais si la liberté politique a ses limites, elle ne peut être restreinte dans ses droits légitimes; la souveraineté nationale réside dans l'ensemble des citoyens; si l'on exclut des droits politiques une partie des citoyens, cet ensemble n'existe plus, et la souveraineté nationale est anéantie. Examinons si le régime électoral a respecté ce principe.

L'article 34 de la Charte est ainsi conçu :

« Nul n'est électeur s'il a moins de 25 ans, et s'il ne » réunit les conditions déterminées par la loi. »

Commençons par regretter que les termes de cet article n'aient été que la reproduction de ceux de la Charte de 1815; dans cette Charte, ils étaient vrais, exacts. Il ne faut pas oublier que le pouvoir constituant n'avait pas été reconnu dans la nation, et que, loin de là, la Charte n'avait été qu'une concession de la royauté, reconnue pouvoir constituant et souverain; dès lors, puisque le droit de la nation était méconnu, et qu'il n'y avait plus qu'un privilége accordé par la légitimité, les expressions se trouvaient conformes au principe qui avait dicté la Charte; mais ce principe détruit, il était naturel de modifier les expressions; nous dirons plus, il y avait nécessité de le faire. En effet, en abolissant le préambule de la Charte, on avait reconnu le pouvoir constituant dans la nation ; ce n'était donc plus telles conditions qui donnaient les droits politiques ; ce n'était plus *nul n'est électeur* qu'il fallait dire, mais *tout Français* est électeur.

Cette distinction n'est rien moins que futile ; la première rédaction constitue un privilége, car il en résulte que ce sont les conditions seules qui donnent le droit ; la seconde, au contraire, reconnaît le droit, et le mot *conditions*, n'exprime plus que les causes qui en règlent la jouissance.

Ainsi donc, le pouvoir constituant résidant dans a nation, en d'autres termes, la souveraineté nationale reconnue par l'abolition du préambule de la Charte, la signification de l'article 33 se trouvait complètement changée. Dans la Charte de 1830, cet article ne constate, ne peut constater qu'un droit unique, celui de la jouissance des droits politiques appartenant à tout citoyen français ; toute autre interprétation est fausse.

Que l'on ne dise pas que les termes de la Charte sont équivoques ; ils ne le sont pas, ils ne peuvent pas l'être ; par cela même que le pouvoir constituant réside dans la nation, qu'il n'a été consenti aucune délégation des droits politiques, le droit de chaque citoyen existe dans son entier ; des conditions, c'est-à-dire des restrictions, ne peuvent exister ; les seules conditions que l'article 34 puisse exprimer, ce sont celles du droit naturel, c'est-à-dire l'âge, la capacité, l'indépendance, toutes les conditions enfin qui règlent la jouissance des droits politiques. En un mot, l'article 34 n'est et ne peut être que l'expression de la souveraineté nationale.

La loi du 19 avril 1831 est venue fixer les conditions du droit électoral ; on a dit qu'un des avantages de cette loi était de laisser pour l'avenir la faculté de modifier le système suivant l'état de la société, mais nous n'avons pas l'intention d'examiner cette question ; il ne faut pas perdre de vue qu'il ne s'agit que de principes, et si nous établissons que cette loi blesse le principe de la constitution, il est évident que toute autre discussion devient inutile.

Nous avons établi que la Charte avait reconnu le pouvoir constituant dans la nation, et que l'article 34 ne pouvait souffrir aucune interprétation autre que celle de la souveraineté nationale ; la loi du 19 avril, loi organique, n'a donc pu déroger à ce principe sans blesser la constitution. Or, la loi a placé au nombre des conditions exigées pour la jouissance des droits politiques l'impôt direct. La question se réduit donc à savoir si l'impôt direct est une des conditions essentielles de l'exercice des droits politiques.

Evidemment non.

Les droits existent par le fait seul de la nationalité.

La jouissance de ces droits est soumise à certaines conditions commandées par l'intérêt général ; ces conditions sont : 1° la jouissance des droits civils et politiques ; 2° la capacité du citoyen ; 3° son indépendance.

La jouissance des droits civils et politiques est réglée par les lois et par l'état civil du citoyen.

La capacité est constatée par l'âge et par l'accomplissement de certaines conditions prescrites par les lois ; conditions dont nous n'avons pas à nous occuper pour l'instant.

Enfin, l'indépendance résulte de la position du citoyen, et par ce mot de position il est faux d'entendre parler de la position de fortune ; dès que le droit puise sa source dans le titre de citoyen, ce sont les vices, les fautes du citoyen, c'est-à-dire son incapacité, sa dépendance personnelle et individuelle, qui seuls peuvent permettre de refuser l'exercice de ce droit.

Arrêtons-nous pour prévenir une objection : on dira que reconnaître à tous les citoyens les droits politiques, c'est établir le suffrage universel. A l'époque actuelle, il est des mots contre lesquels il est bon de se prémunir ; combien de réformes utiles, d'idées neuves et heureuses ont-été arrêtées, obscurcies par des expressions dont toute la force consistait en de vagues souvenirs, en de puériles craintes : si l'on prétend qu'exiger que tous les citoyens qui ont *les capacités nécessaires* exercent leurs droits politiques, c'est vouloir le suffrage universel, nous sommes forcés d'accepter l'expression ; mais si réellement ces mots n'expriment que le suffrage accordé à tous les citoyens sans acception de capacité, d'indépendance, nous rejetons loin de nous une semblable qualification. Si l'on demandait encore quelles sont les bases du suffrage, nous pourrions refuser de répondre, car il ne s'agit pas ici d'un système, nous n'avons pas la prétention de venir présenter une constitution. Lorsqu'il s'agit d'un principe, l'arbitraire doit disparaître ; les bases du suffrage doivent se trouver dans l'application vraie de ce principe. Nous ne tarderons pas à traiter ce sujet.

Revenons à l'impôt direct : nous avons dit qu'il ne pouvait être une des conditions essentielles de la jouissance des droits politiques. Que l'impôt direct soit une condition nécessaire pour celui qui n'a d'autres titres que celui de propriétaire, qui n'exerce aucune fonction, aucune industrie, cela est évident ; mais la société ne se compose pas uniquement de propriétaires ; le laboureur, le négociant, l'industriel, le savant, le jurisconsulte, l'artiste sont citoyens aussi bien que le propriétaire ; les droits que leur donne le titre de citoyen, on ne peut leur en refuser la jouissance, sans méconnaître ces mêmes droits, et cependant, quoiqu'ils puissent ne payer aucun impôt direct, leur indépendance ne peut être suspectée; ils la tiennent du produit de leurs travaux. En politique, on ne peut entendre par indépendance qu'une seule chose, l'absence de tout intérêt opposé à celui du pays; car le citoyen, quel que soit son patriotisme, ne peut entièrement s'affranchir de l'influence de tous les intérêts particuliers qui viennent se rassembler autour de lui. Qu'en conclure? Que politiquement l'indépendance absolue de l'électeur est chose impossible, et que puisque l'intérêt de l'Etat se compose d'intérêts distincts, opposés, la constitution d'un gouvernement représentatif n'est bonne qu'autant que tous ces intérêts concourent à l'expression générale.

L'impôt direct a-t-il pour effet de donner des droits égaux à tous les intérêts nationaux, à tous les citoyens? Evidemment non (1). C'est ce qu'il nous reste à établir.

L'impôt direct, a-t-on dit, est la meilleure présomption possible de l'indépendance du citoyen; de l'indépendance personnelle du citoyen, nous voulons bien l'admettre, mais de l'indépendance politique, non; le vote du citoyen ne se trouve-t-il pas sous l'influence de ses intérêts pri-

---

(1) L'impôt direct se compose :

1° De la contribution foncière,	252,927,959
2° Des contributions personnelle et mobilière,	52,457,000
5° Des portes et fenêtres,	27,167,502
Total,	552,552,461
Enfin, du produit des patentes,	52,587,000

(Ces chiffres sont empruntés au budget de 1857.)

En présence de ces chiffres, il est impossible de soutenir que l'impôt direct n'établit pas un privilége au profit de la propriété.

vés ? Propriétaire, ne doit-il pas être dirigé par les intérêts de la propriété? Nous devons aller plus loin, et dire
qu'il nous est difficile d'admettre que l'impôt direct soit
la meilleure présomption possible de l'indépendance personnelle de l'électeur; en effet, c'est prétendre que la
fortune donne à l'homme l'indépendance; il n'est pas
besoin de longs raisonnemens pour prouver qu'avec la
fortune les besoins de l'homme augmentent, son ambition s'élève, ses passions grandissent. Vouloir que la fortune donne à l'homme l'indépendance, c'est mentir à la
vérité de tous les jours; il serait aussi facile de soutenir
que la misère la lui donne, car enfin de qui dépend le
pauvre? De tous, dira-t-on; et le riche en dépend-il
moins? Seulement l'un est entraîné par ses passions, l'autre obéit à ses besoins. Non, la fortune ne donne pas
l'indépendance; le prétendre, c'est méconnaître et avilir
le caractère de l'homme; c'est au fond du cœur que le
sentiment de l'indépendance, de la liberté existe; c'est
l'éducation qui le développe; la fortune ne peut le faire
naître, s'il n'existe pas, et peut le détruire si l'éducation
n'a prévenu ou dompté les passions, l'orgueil, l'ambition. Abrégeons ces réflexions plus philosophiques que
politiques.

Il faudrait du moins être conséquent. Si la fortune est
la meilleure présomption possible de l'indépendance de
l'électeur, la fortune seule, c'est-à-dire le revenu, peut
servir de base, et la disposition doit être égale pour tous.
Mais, nous dira-t-on, il y avait impossibilité de fixer et
de constater le revenu.— Cependant, dès le moment que
vous n'admettez d'indépendance que dans certaines conditions de fortune, quelle autre base pouvez-vous prendre que le revenu ?

Aussi, le premier vice de l'impôt direct, c'est d'être une

condition arbitraire ; son seul avantage serait de présenter des fortunes plus assurées, plus indépendantes, mais il est détruit par le danger de voir sacrifier tous les intérêts de la nation à ceux de la propriété ; du reste, cette condition ne repose sur des indications ni plus précises, ni plus certaines que celles que l'on pourrait présenter pour l'établissement du revenu. Ainsi, l'impôt direct ne donne pas, ne peut pas donner la véritable position de fortune de l'électeur ; les propriétés peuvent être grevées, d'autres arrangemens peuvent faire que la fortune présumée d'après l'impôt direct n'existe pas, et cependant l'impôt direct suffit pour donner le droit.

Nous avons dit, et cela est évident, que dès qu'une condition était admise, elle devait être égale pour tous ; en d'autres termes, que dès que la fortune était prise pour base, les conditions de fortune devaient être égales pour tous les électeurs. Cependant la loi a encore blessé ce principe ; elle a permis que l'impôt direct fût cédé dans certaines conditions, c'est-à-dire par la mère à son fils, etc. ; ainsi donc la loi d'un côté exige pour justification d'indépendance que l'électeur jouisse de la fortune représentée par 200 f. d'impôts, et plus loin elle anéantit le principe en tolérant la jouissance des droits à celui qui, loin d'avoir la fortune nécessaire pour la présomption de son indépendance, se trouve par sa position de famille dans une situation de fortune, de relations et d'obligations telles que cette loi doit présumer sa dépendance. Si l'on présente cette dernière disposition comme une tendance vers une loi plus libérale, nous repousserons encore cette objection ; la loi du 19 avril n'a qu'un seul but et qu'un seul effet, de remettre tous les pouvoirs entre les mains des représentans de la propriété ; en tolérant la cession de l'impôt dans certaines conditions, elle n'a fait que céder à son principe.

Or, les intérêts de la propriété sont toujours distincts de ceux des autres classes de la société, souvent y sont opposés. En effet, si la propriété est la récompense du travail, du talent, si ses intérêts exigent des défenseurs, si les propriétaires donnent au gouvernement un appui et une protection puissante, le pouvoir exclusif d'une aristocratie territoriale n'en est pas moins dangereux, pernicieux ; son intérêt ne se borne pas au seul besoin de sécurité ; l'accroissement de la valeur de la propriété, la diminution des charges qui la grèvent doivent la préoccuper sans cesse et souvent même la tromper sur ses véritables intérêts ; qu'est-ce qu'un avenir incertain en présence de sacrifices certains ?

Que l'on suppose donc assez de désintéressement dans le pouvoir pour respecter les intérêts du commerce, ceux de l'honneur national, pour faire une juste répartition de l'impôt, cela peut être ; mais cela n'empêche pas de pouvoir dire : Vous ne représentez que les intérêts de la propriété, non pas de toute la propriété, mais seulement de la grande, car vous n'admettez l'éligibilité que dans certaines positions élevées. Or, ces intérêts sont opposés à ceux du commerce, à ceux de l'honneur national, bien plus, et ce qui pourra paraître étrange, à ceux de la petite propriété.

Opposés à ceux du commerce,—parce que sans cesse le commerce a besoin, non seulement de secours pour la construction de canaux, de routes, de ports, mais de protection au dehors pour ses relations ; parce que les intérêts du commerce ne sont pas seulement ceux des banques (1), de la dette publique ; parce que la valeur de

---

(1) On a cherché à établir qu'une dette publique considérable, loin d'être pour un gouvernement un danger, devait être un

la propriété ne peut dépasser certaines limites qu'après la destruction du commerce, de l'industrie, la perte du crédit;

Opposés à ceux de l'honneur national, — parce que cet honneur exige souvent des sacrifices, et si pendant la paix la propriété doit être ménagée, il n'en est pas de même pendant la guerre;

Opposés à ceux de la petite propriété, — parce que pour elle ce n'est pas la valeur de la propriété qui fait son principal intérêt, et que rien ne lui est plus nuisible qu'une trop grande valeur qui détruit toute proportion entre les produits de la propriété et sa valeur;

Opposés aux progrès de la civilisation, — parce que toute aristocratie lui est contraire, puisque la civilisation tend uniquement à établir l'égalité.

Ici, ce ne sont pas des questions irritantes qu'il nous faille soulever; oublions que, dans une assemblée nationale, on ait pu dire qu'en déclarant qu'on ne consentirait pas à une invasion, cela ne voulait pas dire qu'on s'y opposerait, et, plus récemment, que le seul cas de guerre serait le territoire menacé, peut-être même voulait-on dire attaqué. Ne rappelons pas non plus les circonstances où les intérêts de l'honneur national, de l'industrie, du commerce, n'ont pas été suffisamment protégés. Bornons-nous a constater que les intérêts de la petite propriété,

---

motif de sécurité; cela ne fait aucun doute, si l'État est tranquille; mais en serait-il de même au jour du danger? Ce n'est pas l'intérêt de l'État qui dirige le rentier, mais celui de sa fortune. L'État en danger, peut-on attendre du rentier, qui tremble pour son gage, le même concours, le même appui, le même patriotisme que pendant les temps de sécurité? N'en est-il pas de même des représentans de la propriété?

du commerce, de la civilisation, de la nation, sont sans représentans, et par cela même sacrifiés (1).

Il est une dernière considération que nous ne ferons qu'énoncer : l'égalité civile est aujourd'hui la base de notre droit; ce n'est pas seulement un principe inscrit en tête de la constitution, c'est un droit que la nation a proclamé, c'est une vérité reconnue de tous; mais il est impossible de concevoir l'égalité civile sans l'égalité politique, et lorsque ce sentiment, cette conviction est au fond de tous les cœurs, nous demandons si l'on peut espérer faire admettre que la capacité, l'indépendance du citoyen résultent de sa fortune, si une semblable prétention ne révolte pas, ne doit pas révolter le bon sens de la nation.

Enfin, l'impôt direct est une institution de la légitimité (2); c'était alors un privilége que l'on créait au

---

(1) « Jadis, on ne connaissait qu'une espèce de propriété, celle » du terrain; il en est survenu une nouvelle, celle de l'industrie, » aux prises en ce moment avec la première.... » L'empereur appelait cette grande lutte de nos jours la guerre des champs contre les comptoirs, celle des créneaux contre les nations.

« C'est pourtant, disait-il, pour n'avoir pas voulu reconnaître » cette grande révolution dans la propriété, pour s'obstiner à fer- » mer les yeux sur de telles vérités, qu'on fait tant de sottises au- » jourd'hui et que l'on s'expose à tant de bouleversemens. Le monde » a éprouvé un grand déplacement, et il cherche à se rasseoir. » Voilà, en deux mots, continuait-il, toute la clé de l'agitation uni- » verselle qui nous tourmente. »

(NAPOLÉON, *Mémorial de Sainte-Hélène.*)

(2) On a prétendu que l'Assemblée constituante avait la première exigé, pour la jouissance des droits politiques, la justification du paiement d'une certaine quotité de contributions; que ce système

profit de la propriété, pour obtenir l'appui que l'on en espérait. Les effets de cette institution n'ont pu changer.

Mais comme il nous faut revenir sur ces lois, abrégeons cette discussion; nous la reprendrons lorsque nous arriverons à la réforme.

POUVOIR EXÉCUTIF.

Nous reconnaissons qu'il existe pour les lois politiques d'autres principes que pour les lois civiles; mais il est des règles dont on ne peut s'écarter sans encourir une dangereuse responsabilité, et cette responsabilité, les Chambres de 1830 l'ont volontairement assumée sur elles. Nous désirons autant que possible éviter les répétitions; cependant il nous faut revenir sur l'étendue des pouvoirs des Chambres de 1830.

Si nous admettons contre l'évidence que la révolution ait laissé subsister le mandat que les députés avaient reçu des électeurs, ce mandat leur était insuffisant pour prononcer la déchéance des Bourbons et modifier la Charte; certaines personnes prétendent, il est vrai, que ce droit appartenait à la Chambre des députés et à la Chambre des pairs réunies, et cette prétention, elles l'appuient sur la Charte de 1815. Le sujet est trop grave pour qu'il soit permis de laisser passer une prétention aussi dangereuse;

---

n'appartenait pas à la légitimité, qu'il ne constituait pas une de ses institutions; c'est une erreur. Pour la repousser, il suffit de citer le rapport fait à l'Assemblée :

« Le paiement d'une imposition, y est-il dit, ne doit être exigé » dans les assemblées primaires que comme *preuve de cité.* »

(Moniteur du 20 octobre 1789.)

en fait, les Chambres ne prononcèrent pas la déchéance, elles ne firent que la constater, alors que déjà la nation l'avait prononcée et mise à exécution. Ce sont les *événemens, le vœu du peuple français*, que les Chambres invoquèrent seulement le 7 août 1830; mais la Charte de 1815, alors on n'y pensait que pour la modifier ou plutôt l'anéantir, puisque le principe en était changé. Ainsi donc, les Chambres auraient puisé leurs pouvoirs dans un acte qu'elles modifiaient; mandataires et représentans de la nation, l'acte qu'elles auraient invoqué eût été étranger à la nation, n'eût jamais été accepté par elle; bien plus le principe de cet acte eût été celui du parti vaincu; non, évidemment non, la Charte de 1815 ne donnait aucun pouvoir aux Chambres dans les circonstances. Les considérations ici sont sans nombre, abrégeons : les Chambres tenaient donc leur mandat des *circonstances et du vœu de la nation*, c'est-à-dire, de la souveraineté nationale; c'était l'exercice seul de cette souveraineté qu'elles étaient appelées à établir; elles n'avaient aucun mandat pour en disposer, aucun pouvoir pour la restreindre. Par suite, ce fut sous leur responsabilité qu'elles établirent la constitution.

Nous ne voulons pas discuter l'élection du roi, car, il faut le reconnaître, le roi des Français, d'après la Charte, n'a et ne peut avoir aucun pouvoir; il n'a été fait en sa faveur aucune restriction de la souveraineté nationale; la nomination même des ministres et des pairs ne peut avoir lieu sans être contresignée par un ministre responsable.

« La Charte a voulu que le roi ne pût faire un pas de
» roi, un geste extérieur de roi, un acte de roi, sans
» qu'un ministre, son inséparable tuteur, ne se tînt à ses

» côtés, toujours prêt à le couvrir, toujours prêt à répon-
» dre. »

C'est ainsi que M. de Cormenin résume le pouvoir
royal; il ajoute :

« La chose du monde la plus arbitraire, la plus despo-
» tique, la plus impolitique, la plus incompréhensible,
» la plus irrationnelle, la plus dégradante, la plus im-
» pie, la plus monstrueuse, la plus folle, la chose qu'on
» ne voit pas même en Turquie, serait un roi inviola-
» ble, qui personnellement gouvernerait; car vous
» n'êtes inviolable que parce que vous êtes impeccable,
» et vous n'êtes impeccable que parce que vous ne pou-
» vez rien faire; que si vous pouviez faire, vous pourriez
» mal faire; que si vous pouviez mal faire, vous seriez
» peccable; que si vous étiez peccable, vous seriez res-
» ponsable, et que si vous étiez responsable, vous pour-
» riez être violé. »

Nous ne discutons ni le pouvoir royal, ni la question
d'inviolabilité, mais seulement les actes des Chambres de
1830; nous acceptons, forcément cependant, la royauté,
telle que la Charte, nous nous trompons, telle que les Chambres l'ont constituée. En effet, que doivent nous importer le
titre de roi et l'inviolabilité accordée à la royauté, dès que
tous les actes du pouvoir que l'on appelle royal, mais qui
réellement n'est et ne peut être qu'un pouvoir exécutif,
sont soumis au contrôle de la représentation nationale; ce
qui ne peut être aussi facilement admis, c'est l'abandon de
la nomination du pouvoir exécutif, ou des ministres. Que
l'on daigne nous répondre que le choix du pouvoir exécutif appartient à la représentation nationale, peu nous
importe, ce n'est pas cela dont il s'agit; nous n'examinons pas s'il était avantageux d'abandonner le choix du
pouvoir exécutif, mais si les Chambres de 1830 avaient

les pouvoirs nécessaires pour consentir cet abandon. Nous savons bien que l'on nous répondra que, dès le moment où il pouvait être avantageux d'abandonner la nomination du pouvoir exécutif, les Chambres mandataires de la souveraineté nationale avaient les pouvoirs nécessaires. Nous devrons supposer que telle fût, ou plutôt dut être la pensée des Chambres; cependant il reste pour nous dans le doute si elles avaient le droit de constituer le pouvoir exécutif sans le concours de la nation. Dans la Charte, elles consentirent non seulement l'abandon d'une partie des droits de la souveraineté nationale, mais encore elles engagèrent la nation vis-à-vis du pouvoir exécutif; leur mandat, nous n'en connaissons pas d'autre que celui exprimé en tête de la Charte : *les circonstances, le vœu de la nation.* Evidemment, il eût été prudent d'appeler la nation à ratifier cette constitution; en l'absence de cette ratification, il n'y a qu'un système possible, c'est d'établir que les Chambres n'ont nullement dépassé leurs pouvoirs; cependant les Chambres de 1830 ne peuvent invoquer que deux titres, la Charte de 1815 ou le vœu de la nation. La Charte, elle, indiquait leurs devoirs; elle ne leur permettait pas de déclarer le trône vacant, car Charles X était inviolable, et il ne quittait pas le royaume, il était chassé par la nation; la Charte de 1815 imposait aux Chambres l'obligation de faire respecter la personne du roi; les ministres seuls étaient justiciables. Charles X et le duc d'Angoulême ayant abdiqué, les Chambres, en vertu de la Charte, ne pouvaient reconnaître d'autre roi que Henri V; mais, en déclarant le trône vacant, elles se réunissaient à la nation, elles lui obéissaient; en acceptant cette nouvelle position, elles ne pouvaient qu'exercer le pouvoir; pour en consentir une délégation, ne leur fallait-il pas un mandat formel, ou au moins une ratification?

On comprendra que nous ne discutions pas cette dernière question ; il faut accepter les faits et s'y soumettre.

CHAMBRE DES PAIRS.

Nous allons emprunter de nouveau quelques lignes à M. de Cormenin :

« Si je ne fais pas compte ici de la Chambre des pairs,
» c'est qu'elle est plutôt une Cour de justice qu'une légis-
» lature ; une décoration de la Charte qu'une indispen-
» sabilité ; c'est qu'elle a elle-même la conscience invin-
» cible de sa nullité politique ; c'est qu'elle vit au jour le
» jour, non de sa vie propre, mais d'une vie communi-
» quée ; c'est qu'elle ne peut marcher où elle voudrait,
» avec des jambes d'emprunt ; c'est qu'il ne dépend pas
» d'elle que sa majorité d'aujourd'hui soit sa majorité de
» demain ; c'est qu'elle n'est pas un secours à la liberté,
» car elle ne sort pas de l'élection ; c'est qu'elle n'est pas
» un obstacle au ministère, car il a raison d'elle quand il
» veut. Si on l'aime mieux décrépite, on la laisse se traî-
» ner sur ses genoux. Si l'on veut la rajeunir, on trans-
» fuse dans ses veines du nouveau sang de pair. Les mi-
» nistres n'ont pas même à s'emporter, avec la pairie, à
» de telles extrémités : ils ont plutôt à bénir qu'à mau-
» dire le fruit de leurs entrailles, et il est rare qu'ils lui
» administrent le remède paternel de la fournée.

» Le vice capital de la pairie est d'être impuissante
» pour responsabiliser les ministres. Aussi, les ministres,
» qui sentent cette impuissance, ne s'occupent-ils guère
» de ce que peut vouloir ou ne pas vouloir la pairie, et le
» pays non plus. »

Tel est le jugement porté par l'habile député sur la

Chambre des pairs, sur son autorité. Nous n'avons rien à y ajouter; mais il reste à examiner son origine, son institution.

« La Chambre des pairs est une partie essentielle de la » puissance législative. » (Art. 20 de la Charte.)

Tel est le texte de la Charte. Mais la première condition de l'existence de tout pouvoir est une institution régulière, et la Chambre des pairs, l'un des trois pouvoirs législatifs, ne peut être considérée comme régulièrement instituée, qu'autant que son existence et son autorité lui aient été données au nom de la souveraineté nationale, principe fondamental de la constitution.

Si l'on fait remonter l'institution de la Chambre des pairs antérieurement à 1830, la conséquence est de l'anéantir entièrement : car c'est lui donner une institution irrégulière, vicieuse, c'est la faire sortir du principe de la légitimité, principe anéanti en 1830. Mais il est inutile d'entrer dans un tel examen. La Chambre, par ses actes, s'est mis dans l'impossibilité de réclamer une telle origine. Ainsi que la Chambre des députés, en 1830, elle a reconnu la souveraineté nationale; en proclamant la déchéance des Bourbons, en abolissant le préambule de la Charte, en en modifiant les articles, elle a accepté le mandat de la nation; en acceptant ce mandat, elle a rompu avec le passé; cependant ce mandat qu'elle déclarait aussi tenir des circonstances, avait-elle le droit de le conserver après avoir pourvu aux premières difficultés; avait-elle le droit de changer ce mandat fortuit en mandat perpétuel? en un mot, de se constituer elle-même (1)? Telle était la

____

(1) « Je n'aurais pas voulu que ces représentans eussent eu, en » outre, les pouvoirs pour se former ensuite en assemblée ordi- » naire, conformément à la constitution qu'ils auraient fixée eux-

question véritable, et ici encore la solution qu'elle a reçue
excite en nous des doutes, qu'une acceptation nationale
de la constitution eût pu seule détruire : comme corps
législatif, la Chambre des pairs exerce des droits qui
n'appartiennent qu'à la souveraineté. Il resterait, pour
répondre, une seule objection : les colléges électoraux,
en consentant *tacitement* l'exécution de la Charte, ont
donné leur consentement, leur ratification aux institutions de 1830 ; cette objection serait peut-être admissible
si les colléges électoraux représentaient la souveraineté
nationale. Nous avons discuté la loi électorale.

CHAMBRE DES DÉPUTÉS.

Dans le gouvernement représentatif, le principe de
toute autorité, c'est l'élection ; seule des trois pouvoirs,
la Chambre des députés est élective ; ne nous étonnons
donc pas si son autorité est forte ; ce qui doit nous sur-
prendre c'est que cette autorité n'absorbe pas toutes les
autres. Il suffit cependant d'un peu d'attention pour expliquer la position de la Chambre. En effet, nous avons
vu que le titre de représentation nationale faisait toute sa
force ; que la loi du 19 avril avait donné la jouissance des
droits politiques à une seule classe, la propriété, avait
sacrifié les intérêts de la nation à ceux de cette classe,
ou, si l'on préfère, avait appelé les propriétaires seuls à
l'exercice des droits politiques ; la conséquence de cette
loi fut donc d'enlever à la Chambre des députés le carac-

» mêmes sous une autre qualité ; j'aurais craint qu'au lieu de tra-
» vailler uniquement pour l'intérêt national, ils n'eussent trop fait
» attention à l'intérêt du corps qu'ils allaient former. »

(SIEYES.)

tère de représentation nationale et d'en faire une espèce
de représentation territoriale. Cette expression même
n'est pas suffisante; la loi du 19 avril ne s'est pas bornée
à fixer les conditions de l'électorat; pour l'éligibilité,
elle a élevé le cens à la somme de 500 fr.; on a allégué
la même raison que pour l'électorat, la nécessité d'une
fortune qui assurât l'indépendance. Nous avons déjà
démontré combien cette prétention était erronée; nous
avons dit que loin de prouver l'indépendance du citoyen, cette condition n'avait pour effet que de blesser
le principe de la souveraineté nationale; en élevant l'impôt direct pour l'éligibilité, la loi a ajouté à une première
erreur, une inconséquence nouvelle; en effet, d'après
la loi, le corps électoral représente la nation, exerce
la souveraineté; exiger (pour l'éligibilité) des conditions,
évidemment c'est blesser la souveraineté; nous ne parlons plus de la souveraineté nationale; ici, l'inconséquence est d'autant plus forte que l'on a imposé des
conditions qui devaient rendre certaines la capacité, l'indépendance des citoyens appelés à l'exercice des droits
politiques. Ainsi donc, l'impôt direct exigé pour l'éligibilité a les mêmes résultats que pour l'électorat; loin
d'assurer l'indépendance du député, cette condition l'en-
chaîne à la représentation des intérêts de la propriété;
blesse le principe de la souveraineté nationale; en outre,
elle détruit la souveraineté des colléges électoraux et a
pour effet direct de donner l'exercice du pouvoir, non
pas à la propriété seulement, mais à l'aristocratie territoriale; comme nous avons déjà discuté ce point, nous
poursuivons.

La Chambre des députés comme corps politique doit
puiser sa force, d'abord dans son principe, puis dans son
indépendance. Le principe, nous l'avons discuté, passons

à l'indépendance; par ce mot, nous n'entendons nullement parler de l'indépendance personnelle, mais de l'indépendance comme corps politique, de l'indépendance vis-à-vis des électeurs ou de la nation, de l'indépendance vis-à-vis du pouvoir exécutif.

Vis-à-vis de la nation, l'indépendance ne peut exister qu'à une seule condition; l'intérêt national se compose d'intérêts particuliers et distincts, et toute représentation nationale est appelée à résumer en elle tous ces intérêts. Mais pour obtenir ce résultat, il faut évidemment qu'elle soit le produit de tous ces intérêts; dès le moment qu'elle prend son origine dans une seule classe, son indépendance cesse; quelles que soient sa composition, son organisation et son institution, elle ne peut détruire le vice de sa formation, de son origine. La Chambre des députés est dans ce cas; appelée à représenter l'intérêt national, elle n'est cependant choisie, élue que par les représentans d'une partie de la nation dont les intérêts sont distincts et souvent opposés à ceux de la nation; son indépendance comme corps politique est donc suspecte.

Quant à l'indépendance vis-à-vis du pouvoir exécutif, nous ne pouvons l'admettre qu'autant que tout fonctionnaire serait exclu de la Chambre. En politique, l'indépendance est la première loi; le fonctionnaire député dépend par sa place du pouvoir exécutif, par son mandat il est juge de ce pouvoir; nécessairement le fonctionnaire ou le député doit manquer à ses devoirs en telles circonstances données.

Nous n'avons pas besoin de dire que nous ne voulons discuter que l'institution; qu'en déclarant l'indépendance de la Chambre des députés suspecte, nous n'entendons nullement attaquer les députés personnellement; l'on ne doit chercher dans cet écrit ni attaques, ni éloges per-

sonnels; ce sont les institutions seules que nous discutons.

Le système électoral actuel présente encore d'autres
vices : il en est un surtout dont les conséquences sont
des plus graves. Le député par sa position doit avant tout
être homme politique ; ce sont les intérêts de la nation
qu'il est appelé à représenter et non les besoins de telle
localité, les intérêts de telle classe de la société. Nous ne
voulons pas cependant laisser supposer que notre intention soit d'éloigner de la Chambre des députés les hommes spéciaux ; mais nous ne les admettons que comme
exception, et un mérite non contesté peut seul justifier leur
nomination ; avant tout, la Chambre des députés doit
être une représentation nationale, un corps politique et
non une réunion d'agens d'affaires, de spécialités. Le
mal est tel, qu'il nous suffit de l'indiquer pour être compris ; le bon sens populaire a depuis long-temps, et avec
énergie, qualifié les députés de *notabilités de clocher*.

Quelques publicistes ont attribué ce résultat au fractionnement des colléges électoraux opérés en 1820 ; ils
rappellent l'opinion du parti aristocratique. « Au chef-
» lieu de département, disait-on, la révolution est vi-
» vante et dans toute son énergie ; dans les chefs-lieux
» d'arrondissement les influences territoriales prennent
» le dessus. » — Nous ne nous dissimulons pas toute la
gravité de la question et son importance exige de nous
un sérieux examen. Nous reconnaissons que le fractionnement des colléges a pu influer d'une manière grave
sur les élections, mais non pas entraîner les conséquences du sytème actuel. Il est actuellement prouvé que
la restauration avait cherché un appui dans la grande
propriété, dans les classes privilégiées ; elle devait donc
développer, autant que possible, l'influence, l'autorité des

propriétaires dont elle espérait le secours, et comme l'influence des propriétaires est toute locale, leur intérêt entièrement personnel, il était prudent de ne pas les éloigner de l'endroit où ils pouvaient faire usage de tous leurs pouvoirs. Au chef-lieu de département, la réunion d'un trop grand nombre d'électeurs amenait un conflit, une opposition de tous les intérêts privés dont le résultat naturel était le triomphe de l'intérêt général. Chacun, dans l'impuissance de faire triompher son intérêt personnel, y renonçait pour n'écouter que celui du pays.

Il y a long-temps que l'on a reconnu qu'en politique l'homme était souvent dirigé par deux intérêts distincts, quelquefois opposés, l'intérêt personnel, l'intérêt du pays (1). Dans les gouvernemens monarchiques et aristocratiques, les classes privilégiées apportent un troisième intérêt, celui de l'ordre qu'elles représentent, et leur influence est pernicieuse, par cela même que leur intérêt remplace souvent celui de l'Etat. Sous la Restauration, le gouvernement quoique dit représentatif, n'avait pu espérer l'appui de la nation ; il avait donc pris pour base la

---

« (1) En effet, chaque individu peut, comme homme, avoir
» une volonté particulière contraire ou dissemblable à la volonté
» générale qu'il a comme citoyen. Son intérêt particulier peut lui
» parler tout autrement que l'intérêt commun ; son existence ab-
» solue et naturellement indépendante peut lui faire envisager ce
» qu'il doit à la cause commune comme une contribution gratuite
» dont la perte sera moins sensible aux autres que le paiement
» n'en est onéreux pour lui, et regardant la personne morale
» qui constitue l'Etat comme un être de raison, parce que ce n'est
» pas un homme, il jouirait des droits de citoyen sans vouloir rem-
» plir les devoirs du sujet, injustice dont le progrès causerait la ruine
» du corps-politique. »

(J.-J. ROUSSEAU, *Contrat social.*)

noblesse et la propriété : à la noblesse il avait ouvert la Chambre des pairs ; il avait abandonné la Chambre des députés aux représentans de la propriété. En agissant ainsi, il avait cru pouvoir obtenir le concours des deux ordres privilégiés ; celui de la noblesse lui était assuré, celui de la propriété devenait également certain par suite du privilége que l'on créait en sa faveur ; aussi, le fractionnement des colléges électoraux, en 1820, n'eut-il pour but que de donner aux représentans de la propriété toute l'influence possible. Pour la Restauration, ce système put donner des espérances assurées ; ce qu'elle redoutait, ce qu'elle devait redouter le plus, c'était l'indépendance de la Chambre des députés ; en faisant dépendre l'élection d'intérêts privés, cette indépendance cessait, car le député n'était plus le représentant de la nation, il devenait le chargé d'affaires des électeurs ; le calcul était habile, et pour peu que les intérêts dont il s'agit ne fussent pas opposés à ceux du pouvoir, ce calcul prenait les apparences de l'évidence. Mais il ne faut pas oublier que sous la Restauration, la souveraineté résidait dans la royauté, que le gouvernement ne cherchait qu'un appui dans les Chambres ; ce fut précisément là le vice de cette constitution. Les colléges électoraux, ou plutôt les représentans de la propriété durent tromper les espérances du pouvoir, et la raison en est simple ; de fait, ils représentaient la nation ; aussi, lorsqu'ils furent attaqués dans les priviléges qu'on leur avait octroyés, ils firent usage de tout leur pouvoir ; la force de leur position les entraîna ; par suite, loin de concourir au maintien du gouvernement, ils devinrent une des causes indirectes de sa chute.

Nous venons de voir quelle fut la pensée qui présida au fractionnement des colléges en 1820 ; comme ce sys-

tème fut conservé après la révolution, il nous faut en développer les conséquences. Les modifications faites au système électoral à cette époque furent insignifiantes; ce
ne fut réellement qu'un sacrifice apparent fait à l'opinion ; de fait, les droits politiques furent conservés aux
représentans de la propriété ; mais , comme la souveraineté avait été reconnue appartenir à la nation, les
lois conservées donnèrent des résultats tout différens,
et cela devait être, puisque le principe qui avait présidé à ces lois était changé. Ainsi donc, par suite
de la révolution , les députés ne purent plus être
considérés comme les représentans d'une classe privilégiée de la société ; ils devinrent les représentans de la
nation ; cependant ils étaient toujours élus d'après le
système de fractionnement imposé par la Restauration.
Peut-être l'on va nous demander comment il se fait que
les mêmes colléges électoraux aient pu, sous un principe,
élire des représentans d'intérêts privés, et, sous un principe contraire, une représentation nationale? La réponse
est facile : sous la Restauration, la Chambre des députés
représentait une classe privilégiée ; cette classe tenait les
droits du pouvoir constituant, du souverain, et alors la
souveraineté appartenait à la royauté : il était donc naturel que la Chambre des députés ne représentât que les
intérêts de l'ordre qui l'avait nommé. Aujourd'hui ,
il n'en est plus de même ; la Chambre est toujours
élue par la même classe de propriétaires que sous la
Restauration, cela est vrai ; mais, en abaissant le cens
électoral, on a doublé le nombre d'intérêts privés appelés à élire les députés : nous nous trompons, la loi appelle ces intérêts privés des électeurs; elle a reconnu
200,000 citoyens sur 34,000,000 assez capables et indépendans pour jouir des droits politiques; il faut ajouter

que ces électeurs exercent seuls les droits politiques , et, puisque la souveraineté nationale a été proclamée en 1830, leur vote renferme l'expression de la volonté de la nation : aussi, la Chambre des députés ne représente plus une classe privilégiée, mais la nation : qu'importe que les députés ne soient élus que par les représentans de la propriété ? ces derniers n'exercent-ils pas les droits qui appartiennent à tous les citoyens ? la loi n'a-t-elle pas déclaré que seuls ils avaient la capacité et l'indépendance nécessaires pour l'exercice de ces droits ? Aussi, il serait dangereux et faux de considérer la Chambre des députés sous un autre point de vue que celui de représentation nationale ; la nation, qui est souveraine, a seule le droit de qualifier les députés de notabilités de clocher, mais nous, moins que tout autre, nous ne pouvons nous le permettre ; refuser à la Chambre des députés le titre de représentation nationale, mais ce serait violer la Charte. Il faut être conséquent, le pouvoir constituant ou la souveraineté doit résider quelque part, et il ne peut appartenir qu'au pouvoir royal, à un corps aristocratique ou à la nation. Le pouvoir royal, il n'en existe plus ; la Charte n'a reconnu qu'un pouvoir exécutif ; — une aristocratie, tous les Français sont égaux (article 1 de la Charte). C'est donc la nation seule qui est souveraine en fait et en droit ; lui dénier la souveraineté, ce serait anéantir toutes les institutions. Donc, comme l'exercice de cette souveraineté est entre les mains des électeurs, les députés nommés par ces derniers représentent réellement la nation.

Nous reconnaissons que toute cette discussion n'est pas excessivement claire ; mais on doit nous excuser ; il n'est pas facile de démontrer que les mêmes institutions qui, sous la Restauration, dérivaient naturellement du principe de la légitimité, puissent s'adapter au principe de la souveraineté nationale ; que ces mêmes institutions, élevées dans l'unique but de combattre les libertés natio-nales, puissent aujourd'hui les protéger.

Mais il est temps de nous arrêter ; cependant, avant de terminer, il nous faut résumer toute cette discussion ; dans le premier chapitre, nous avons exposé que la ré-volution de juillet avait eu pour résultat de substituer au principe du droit divin celui de la souveraineté natio-nale ; que cependant toutes les institutions de la légiti-mité avaient été conservées, et que le système politique intérieur et extérieur n'avait subi aucune modification ; ce n'est qu'après cet exposé que nous avons pu établir que certaines dispositions des lois constitutionnelles, conformes au principe de la légitimité, ne pouvaient s'a-dapter à celui de la souveraineté nationale. Nous avons espéré prouver ainsi la nécessité de modifier les institu-tions.

Mais, avant d'arriver à ce résultat, il faut que le principe de la souveraineté nationale soit nettement ap-pliqué, car il ne suffit pas que cette souveraineté soit re-connue, il est indispensable que l'exercice n'en soit gêné par aucune loi. La nécessité d'une prompte réforme des lois qui règlent l'exercice de cette souveraineté, c'est-à-dire des lois électorales, est démontrée, il reste à exami-ner comment doit s'opérer cette réforme ; ce n'est que lorsqu'elle aura eu lieu, qu'il sera possible de modifier les autres institutions.

§ 2.

RÉFORME ÉLECTORALE.

L'on a cherché à restreindre la discussion sur la réfor-me électorale à la solution de deux questions ; la pre-

mière concerne l'opportunité de cette mesure, la seconde
le plus ou moins de modifications à faire à la loi du 19
avril. Si l'on nous à compris, on ne doit s'attendre à
nous voir discuter ni l'une ni l'autre de ces questions;
nous repoussons toutes modifications; nous ne pouvons
ni les admettre, ni les comprendre, car elles ne sont présentées que dans le seul but de maintenir le système actuel, et c'est ce système que nous attaquons : entre deux
systèmes, entre deux principes, il n'y a pas de transaction sérieuse possible ; proposer une question d'opportunité, c'est ajourner une discussion, une lutte inévitable.

Nous avons déjà dit que nous n'avions pas la prétention
de présenter un nouveau système politique ; ce que nous
demandons, ce sont les institutions commandées par le
principe de la constitution. Ainsi donc, les droits politiques, nous ne les demandons pas, la constitution a reconnu qu'ils appartenaient à tous les citoyens ; si elle a dû
laisser dans le domaine des lois ordinaires les conditions
pour la jouissance et l'exercice de ces droits, elle a restreint en même temps les dispositions de la loi électorale à l'énonciation des conditions qui règlent la jouis-
ssance des droits politiques ; car il n'est pas permis de
confondre l'existence des droits et la jouissance ; les
droits, ils résultent de la constitution, ils appartiennent
à tous les Français : la jouissance, elle résulte de l'exécution des conditions imposées par la loi : mais ces conditions ne peuvent être arbitraires ; la loi électorale est
une loi organique, une loi qui ne peut avoir d'autres effets que de mettre la constitution en vigueur ; dès que cette
constitution a reconnu l'existence des droits politiques,
en a fait un droit personnel à tous les citoyens, une loi
électorale ne peut imposer une condition qui viendrait
blesser ce principe. La jouissance des droits politiques est

subordonnée, il est vrai, aux conditions commandées par l'intérêt de l'Etat et celui de la société ; mais ces conditions sont étrangères à l'existence de ces droits ; elles n'ont et ne peuvent avoir pour but que d'assurer la capacité et l'indépendance personnelles de chaque citoyen appelé à l'exercice des droits politiques ; toute autre condition porterait atteinte au principe de la constitution et ne pourrait trouver place dans une loi électorale. Ne nous arrêtons pas plus long-temps sur ces principes et discutons de suite ces conditions ; nous commencerons par celles qui ont pour but d'assurer la capacité du citoyen.

La capacité, elle résulte de l'âge et de l'instruction. La constitution a fixé l'âge de 25 ans, mais comme la souveraineté nationale exige impérieusement, comme nous l'établissons plus bas, que tout citoyen soit électeur et éligible, on peut n'accorder l'exercice des droits politiques qu'à 30 ans, âge fixé aujourd'hui pour l'éligibilité ; les considérations ici sont toutes morales, elles ne blessent en rien l'égalité politique et n'ont pour résultat que de donner au vote plus de garanties.

La nécessité d'exiger de tout citoyen de savoir lire et écrire est telle qu'il n'est besoin pour la justifier d'aucuns développemens. Le devoir du gouvernement est de répandre l'instruction autant que possible ; mais la loi doit éloigner de la chose publique tout citoyen incapable ; et certes, dans l'état actuel de la société, il n'est pas de cause plus absolue de prohibition de la jouissance des droits politiques que le défaut d'instruction.

Il est d'autres conditions que l'on pourrait imposer ; car les vices de nos institutions politiques et sociales ont malheureusement donné naissance à de nombreux systèmes philosophiques, et en présence de tels systèmes, qui viennent tous les jours attaquer l'ordre social, il peut paraître utile de rattacher le système politique aux lois fondamentales de la société. C'est ainsi que l'on proposerait le mariage. On pourrait dire qu'une telle condition, égale pour tous, ne blesserait pas l'égalité politique, qu'elle ne serait qu'une garantie de plus de la capacité du citoyen ; ainsi d'autres conditions justifiées par l'état de la société, mais qui toutes ne tendraient qu'à assurer la capacité personnelle du citoyen, ou, comme l'élection à deux degrés, auraient pour résultat de donner à l'élection plus de garanties morales. Si nous nous abstenons de discuter ces questions, c'est uniquement parce qu'elles ne se rattachent pas aux réformes commandées par le principe de la constitution. Ces questions exigent un trop long examen pour qu'il nous soit possible de les traiter dans cet écrit.

Nous regardons comme inutile de rappeler la nécessité de la jouissance des droits civils ; un interdit, un homme flétri par les lois sont évidemment incapables.

Mais les conditions qui doivent soulever le plus d'objections sont évidemment celles qui concernent l'indépendance du citoyen. Sur ce point la loi doit être sévère ; elle doit refuser la jouissance des droits politiques à tout citoyen dont le vote peut être influencé par des intérêts étrangers ; « il n'est que trop vrai, les plus dangereux » ennemis du peuple sont dans ces classes détachées de » l'intérêt national, quoique ce ne soit pas sous le nom » d'ordres que les privilégiés soudoient à leurs services. » En France, en Hollande et partout on a de terribles » exemples de la coalition naturelle entre la dernière » classe de la société et les ordres privilégiés. Disons la » vérité, dans tous les pays la canaille appartient à l'aris- » tocratie. » (SIÈYES.)

Mais cet écueil n'est pas le seul que la nouvelle loi doive éviter : s'il est nécessaire que la loi repousse tous les citoyens dont la position est précaire et le vote vénal, il n'est pas moins indispensable qu'elle appelle à l'exercice des droits politiques tous les citoyens libres et indépendans. Non seulement elle doit les appeler, mais il est certain qu'elle ne peut s'y refuser sans blesser la constitution, car en repoussant un citoyen dont la position doit faire présumer la capacité et l'indépendance, elle anéantit un droit reconnu par la constitution ; ce n'est pas le seul effet d'une telle disposition, elle crée au détriment de ce citoyen un privilége au profit de ceux qu'elle admet à l'exercice des droits politiques ; bien plus, il est clair qu'elle détruit ces droits dès le moment où elle en fait l'apanage d'un privilége, et qu'au lieu de droits politiques, elle ne laisse subsister que des priviléges politiques ; quelque considérable que puisse être le nombre des privilégiés, les résultats n'en sont pas moins désastreux ; l'égalité politique qui constitue le droit commun est détruite.

La nouvelle loi électorale doit donc appeler à l'exercice des droits politiques, tous les citoyens libres et indépendans ; tel doit être le principe, il est incontestable. Pour l'application, les difficultés sont plus spécieuses que réelles ; évidemment, l'indépendance du citoyen résulte de sa position, de sa profession ; mais comme les dispositions de la loi doivent être précises et que les termes ne doivent donner lieu à aucune interprétation, quelques mots encore pour expliquer toute notre pensée. Nous n'avons plus à examiner le régime électoral qui régit aujourd'hui la France ; nous avons discuté ses dispositions, ses vices ; évidemment, il n'appelle pas à l'exercice des droits politiques, tous les citoyens libres et indépendans, dès-lors il blesse le principe de la constitution. Un systême qui remplacerait le cens électoral par l'établissement du revenu, n'offrirait que les mêmes résultats; évitons de nous y arrêter, il ne peut être sérieusement présenté.

La loi doit appeler, avons-nous dit, à l'exercice des droits politiques tous les citoyens qui justifient d'une position libre et indépendante, que cette position résulte, soit de leur fortune, soit de leur état, soit de leur profession; ces deux dernières conditions ne peuvent soulever aucune objection sérieuse; le citoyen qui se présente en justifiant d'une industrie ou d'une profession libérale, remplit toutes les conditions d'indépendance que la loi peut exiger; si l'on objecte que son vote peut être influencé par des intérêts privés, il suffit de répondre qu'il n'est aucune position exempte de cette influence; qu'importe que le citoyen se laisse dominer par les intérêts de son industrie ou de son ambition : le résultat est le même, et cependant a-t-on jamais pensé à repousser l'ambitieux, l'égoïste, etc. ? C'est la position et non le vote du citoyen dont la loi doit assurer l'indépendance. Mais loin d'admettre que l'influence des intérêts privés puisse faire repousser le commerçant ou le citoyen exerçant une profession libérale, nous trouverons dans les intérêts généraux du commerce, des professions, de nouvelles raisons pour appuyer la nécessité d'accorder à leurs représentans l'exercice des droits politiques; en effet, nous avons dit que le titre de citoyen donnait naissance au droit politique, mais l'exercice de ce droit doit avoir un but et ce but est évidemment de protéger les intérêts du citoyen; certes, les intérêts du commerce, de l'industrie, des sciences, des arts, etc., demandent autant d'égards, d'attention, de protection que ceux de la propriété ou de tous autres;

aussi, on ne peut, sans injustice, sans blesser la constitution, leur refuser l'exercice des droits politiques. Pour l'application, il n'existe aucune difficulté ; il suffit que le citoyen justifie d'un état ou d'une position qui assure l'indépendance de sa position, et cela au moyen soit d'une patente, soit d'un diplôme.

Les considérations ne sont plus les mêmes pour le citoyen qui justifie de son indépendance au moyen de sa fortune ; il ne faut pas oublier que la loi ne peut refuser la jouissance des droits politiques à tout citoyen qui justifie de son indépendance. Aussi, la plus grande difficulté est d'établir les conditions rigoureusement nécessaires ; il faut cependant admettre une base ; mais la position de chaque citoyen varie suivant les charges qui pèsent sur lui. Telles conditions, suffisantes dans certains cas, ne peuvent l'être dans un autre. La loi devra-t-elle entrer dans ces difficultés? Evidemment il y a impossibilité ; mais comme elle ne peut refuser la jouissance des droits civils à aucun de ceux qui justifient de leur indépendance, il y a donc impossibilité de fixer une base d'après l'état de la fortune : telle est la première difficulté, ce n'est pas la seule. La fortune est mobilière ou immobilière, et, dans l'un et l'autre cas, les droits ne sont pas moins évidens. Lorsqu'il s'agit d'immeubles, on peut supposer que la justification est facile au moyen de l'impôt. C'est encore une erreur. Des créances peuvent grever et grèvent souvent les immeubles : dès lors, la loi se trouve éludée. S'il s'agit de valeurs mobilières, la difficulté n'est pas moindre. On ne peut non plus proposer la justification au moyen du paiement des contributions mobilières ; cette justification, aussi bien que celle des contributions directes, ne peut donner que des renseignemens inexacts. Il faut le reconnaître, toute justification est inexacte, par suite impossible ; la seule admissible, c'est la justification de la possession d'état : par ce mot, nous entendons la justification d'une position libre et indépendante ; il ne faut pas perdre de vue que la loi électorale ne peut exiger qu'une seule chose, la justification de l'indépendance du citoyen, et cette justification faite, qu'elle ne peut refuser l'exercice des droits politiques sans blesser le principe de la constitution ; évidemment le citoyen qui établit que sa fortune suffit à ses besoins et à ceux de sa famille, et qui justifie qu'il ne dépend ni du gouvernement, ni d'aucun autre citoyen, a satisfait aux conditions de la loi : pour cela, il suffit et il doit suffire d'un certificat délivré par un certain nombre de citoyens, en présence d'un officier public et dans la forme indiquée par la loi. Ce moyen peut, il est vrai, donner naissance à des fraudes coupables, mais il est le seul possible et d'une application facile. Du reste, sans demander la sévérité des lois athéniennes, une pénalité sévère pourra prévenir les dangers (1).

La loi, d'un autre côté, doit s'attacher à repousser tous les citoyens dont la position est précaire. Tout employé, tout domestique à gages ne peut être admis à la jouissance des droits politiques : évidemment, leurs intérêts sont subordonnés à ceux de celui qui les emploie ; leur position est dépendante. Loin de restreindre cette disposition, nous voulons l'étendre à tout employé du gouvernement; car non seulement ce dernier ne jouit pas de l'indépendance politique vis-à-vis du pouvoir exécutif, mais

____

(1) Libanius dit qu'à Athènes un étranger qui se mêlait dans l'assemblée du peuple, était puni de mort. C'est qu'un tel homme usurpait le droit de souveraineté.　　　　(MONTESQUIEU.)

il est encore justiciable de la nation : quel que soit le peu
d'étendue de son pouvoir, il est passible d'une responsabilité, soit directe, soit indirecte, et l'on ne peut admettre
la jouissance des droits politiques au profit des employés
du gouvernement sans réunir dans le même citoyen les
qualités de juge et partie.

Il est une autre disposition qui demande une prompte
réforme. Nous avons vu que le système actuel des circon-
scriptions électorales avait pour résultat d'amener aux
Chambres, non des hommes politiques, mais des représentans d'intérêts de localités. Nous avons vu les conséquences désastreuses de ce système. Il est certain que le
caractère de toute assemblée nationale doit être politique ;
les raisons sont trop fortes, trop évidentes, pour qu'il
soit nécessaire de les rappeler. Bornons-nous à appeler
l'attention sur ce point. La nécessité d'une réforme ne
peut faire le sujet d'aucune objection : les moyens sont
simples, réunir les élections au chef-lieu du département.
Il est vrai que des réunions trop nombreuses peuvent
donner lieu à des brigues dangereuses ; mais il est facile d'atténuer cet inconvénient en limitant le nombre
d'électeurs pour composer un collége. Il nous semble
également que dans la formation des colléges on n'a pas
consulté les principes qui doivent présider à la formation
de la représentation nationale ; ce n'est ni le territoire, ni
les intérêts locaux, mais la nation, que l'assemblée
doit représenter. Dès lors, le chiffre de la population seul
peut servir de base. Cette inégalité, que l'on trouve
dans le nombre des électeurs de nos colléges électoraux,
nous paraît accuser un vice d'organisation. Evidemment,
une population de dix mille âmes ne peut avoir les mêmes droits politiques que celle de cent mille.

Il est une dernière question à examiner : la loi électo-

rale du 19 avril a établi une distinction entre l'électorat
et l'éligibilité ; cette distinction ne nous paraît pas fondée,
elle est contraire au principe, elle oppose l'action de la
loi aux droits de l'assemblée électorale. Nous avons établi que le pouvoir constituant appartenait à la nation, que
tel était le principe de la constitution ; la loi électorale
n'a donc pu établir une distinction entre l'électorat et
l'éligibilité sans porter atteinte à ce pouvoir et blesser ce
principe ; en effet, l'élection doit donner pour résultat
l'expression du vœu, des intérêts, des besoins du pays ;
si une loi restreint le choix à un ordre, à une classe de
la société ; il est évident que le choix de l'assemblée
ne sera plus libre, que dans plusieurs endroits ce choix
ne sera pas l'expression des sympathies, des intérêts
du pays ; le but de la loi ne sera donc pas atteint.
Les électeurs sont et doivent être seuls juges de la
capacité, de l'indépendance des candidats ; restreindre
ce droit, c'est opposer l'action de la loi aux droits de la
souveraineté, c'est détruire l'institution. Nous n'avons
pas besoin de nous appesantir sur cet objet ; les inconvé-
niens du système de la loi électorale du 19 avril sont
tels, que les conditions exigées pour l'éligibilité sont de-
venues presque illusoires. La Chambre des députés a, depuis long-temps, consacré le principe qu'elle devait accepter les actes dans leur matérialité, sans pouvoir en re-
chercher la sincérité. Tous les jours, des députés ne se
font nullement scrupule de se présenter à la Chambre
sans remplir réellement les conditions de l'éligibilité ; ces
conditions ne sont réelles aujourd'hui que pour quelques citoyens trop consciencieux pour consentir ou
croire à une simulation.

Cette question en renferme implicitement une autre,
celle du salaire des députés ; nous connaissons toutes les

objections que cette dernière question a soulevées ; on les
a regardées comme l'expression d'une susceptibilité ho-
norable, d'un sentiment de désintéressement digne d'es-
time, aussi a-t-on cru nécessaire de substituer le mot indemnité à celui de salaire. Si nous repoussons également
ce système, nous déclarons que notre intention n'est
nullement de reconnaître que ces objections ont droit à
des ménagemens ; notre proposition est fondée uniquement sur la nature des services rendus par les mandataires de la nation. Nous repoussons avec d'autant plus
de force les objections que l'on présente, qu'à nos yeux
elles ne sont pas dictées par les sentimens honorables
que nous venons d'indiquer, et qu'elles ne détruisent
nullement la justice de l'indemnité due aux députés.

Lorsque l'on parle d'honorables susceptibilités, de désintéressement, il nous est permis d'examiner comment
les députés comprennent les obligations et les devoirs
que leur impose leur mandat, ainsi que la composition
de la Chambre des députés ; on sait que cette Chambre
est abandonnée aujourd'hui à des fonctionnaires qui
reçoivent des traitemens pour des fonctions qu'ils ne
remplissent pas, à des hommes à grandes fortunes,
pour lesquels la députation est un titre honorifique,
et rien de plus, à des notabilités de clocher qui né-
gligent les intérêts de la nation pour ne s'occuper que
d'intérêts privés, des exigences et des besoins locaux.
La députation est pour les premiers un calcul d'ambition, pour les seconds, une décoration, pour les derniers, un moyen d'influence. En repoussant toute indemnité, tout salaire, l'intention véritable est d'éloigner
le citoyen désintéressé et sans ambition personnelle qui
redoute les charges de la députation, c'est-à-dire la partie la plus morale, la plus indépendante de la nation ; on

connaît d'un côté la modicité et la division des fortunes
en France, de l'autre, toutes les dépenses que nécessite
le déplacement des députés, les frais qu'entraînent la représentation, et la longueur des sessions, toutes les causes enfin qui rendent une indemnité si juste, et si légitime ; repousser cette indemnité, c'est restreindre le cadre des
éligibles, c'est faire de la députation l'apanage de certaines positions privilégiées.

Revenons à la Chambre ; nous ne parlerons pas de la
fin des sessions et des séances qui ont lieu après le
vote du budget ; alors la Chambre n'a plus qu'un seul but,
un seul désir, la fin des travaux : les votes se succèdent
il est vrai avec une précipitation inouïe, et une impatience désordonnée s'empare de la Chambre ; mais il ne
faut pas oublier que le mandat des députés est désintéressé, gratuit. Du reste, depuis long-temps il y a unani-
mité pour flétrir ce scandale qui se renouvelle toutes les
années.

Ce sont les séances ordinaires de la Chambre qu'il faut
connaître, et, pour quiconque a assisté à une de ces séances, rien n'égale la dignité et la calme indifférence des députés : on dit d'un homme qui se présente avec aisance,
s'asseoit avec grâce, parle peu, pense moins, évite les discussions, répond brièvement et avec politesse, que sa te-
nue est convenable ; il en est de même de la Chambre des
députés. Cependant il ne faut pas supposer qu'il n'existe
ni dignité parlementaire, ni langage parlementaire :
on en parle souvent, très-souvent même, à la Chambre. Mais il est quelques séances où elle offre un as-
pect tout autre ; on voit alors les députés arriver avec
précipitation, dans leur impatience, engager, avant
l'ouverture de la séance, de vives discussions, remplacer
la dignité par une agitation sans frein ; mais il suffit d'as-

sister aux préliminaires de la séance ; personne n'ignore ce que signifie une question de cabinet, grand mot inventé pour cacher une petite chose ; fuyons ces séances tumultueuses, sans dignité, il ne s'agit que de quelques rivalités d'ambitieux.

Nous devons dire cependant que c'est la composition de la Chambre et non le caractère personnel de chaque député qui excite notre indignation. Il est peu de députés qui personnellement ne mérite de la considération ; mais ce qui leur manque généralement, ce sont ou les connaissances, ou le dévoûment, ou le patriotisme, ou l'indépendance que commande leur mandat. Nous ne nous dissimulons pas que le résultat de la réforme électorale doit éloigner de la Chambre tous ces citoyens que l'on regarde comme indépendans, mais qui réellement ne sont qu'indifférens. Il est temps qu'ils cèdent leurs places, non seulement à des hommes indépendans, mais libres : ces places appartiennent à des citoyens pour lesquels la députation est un devoir et non un titre honorifique, à des représentans de la nation et non à d'obscurs faiseurs d'affaires, à des citoyens instruits, dévoués, libéraux, et non à d'ambitieux fonctionnaires.

Alors la nation sentira qu'elle doit une récompense à son mandataire. La gloire d'avoir été appelé à représenter son pays peut suffire au député, mais elle n'acquitte pas l'obligation de la nation. La reconnaissance est un devoir pour les peuples comme pour les citoyens : une indemnité serait indigne de la nation ; elle doit assurer la fortune de celui qui lui a sacrifié ses intérêts, qui s'est dévoué à sa défense ; il serait indigne d'elle que celui qui l'a représentée pût être exposé un jour à des privations, à l'indigence ; c'est une pension qu'elle lui doit : modique pour une première élection, elle devrait augmenter lors d'une seconde nomination ; une troisième entraînerait une dernière récompense ; la Chambre des pairs lui serait ouverte, pourvu, toutefois, qu'il ait siégé à la Chambre des députés un certain nombre de sessions.

Nous avons déjà dit que la constitution de la Chambre des pairs demandait également une réforme. Ce sujet exige trop de développemens pour être traité dans cet écrit ; mais il faut dès ce moment déclarer que la réforme de la pairie doit être la conséquence forcée de la réforme électorale ; sa constitution actuelle est contraire au principe du gouvernement français, elle blesse la souveraineté nationale. Il n'y a d'autorité, de puissance possible pour la Chambre des pairs, qu'autant que sa formation sera indépendante du pouvoir exécutif : la pairie doit être la récompense des services rendus dans les hautes fonctions de l'État. Nous ne faisons qu'indiquer notre pensée ; lorsqu'il en sera temps, nous nous réservons de la développer.

Notre tâche est presque remplie : avant de présenter les principes qui doivent présider à la réforme, nous avons analysé les faits qui commandent la révision de nos institutions politiques. Cependant cette réforme trouve une forte opposition ; des objections sont présentées ; nous devons donc avant de terminer chercher les causes de cette opposition, et discuter les objections. Rien de plus naturel du reste que cette opposition ; jamais un privilège n'est resté sans défenseurs.

Commençons par réunir les objections, nous les examinerons ensuite séparément.

Les principales objections sont que la réforme doit entraîner d'autres modifications dans la constitution ; qu'il est imprudent de modifier aussi souvent nos institutions; que les mœurs politiques de la nation sont mauvaises, enfin que la réforme est prématurée.

Constatons d'abord que l'on n'invoque en faveur du système électoral actuel que le respect dû à la loi; *dura lex, sed lex*; ne présenter pour défendre une loi qui blesse le principe de la constitution que des raisonnemens négatifs, n'est-ce pas déjà la condamner?

Examinons cependant les objections.

Les modifications que doit entraîner la réforme. — Nous ne pouvons que répéter ce que nous avons déjà dit: toutes les institutions d'un gouvernement doivent être conformes au principe qui le commande; le principe changé, toutes les institutions doivent être modifiées. La question se réduit donc à savoir si des institutions de la légitimité peuvent être conservées alors que ce principe a été effacé de notre droit politique. La réponse ne peut être douteuse; mieux vaudrait mille fois que la souveraineté nationale fût effacée de notre droit que le maintien de ces institutions qui, à côté du principe de la souveraineté nationale, protègent des priviléges.

Le danger de modifier aussi souvent nos institutions. — N'est-il pas plus dangereux de conserver des institutions vicieuses (1)?

Les mauvais mœurs politiques de la France. — Sur quoi ce fait est-il appuyé? Ce n'est probablement pas sur la

---

(1) En morale rien ne peut remplacer le moyen simple et natu-
» rel. Mais plus l'homme a perdu de temps à d'inutiles essais, plus
» il redoute l'idée de recommencer; comme s'il ne valait pas toujours
» mieux recommencer encore une fois et finir, que de rester à la
» merci des événemens et des ressources factices, avec lesquelles
» on recommencera sans cesse, sans être jamais plus avancé. »
(Sieyes.)

demande de la réforme électorale. Nous avouons qu'il nous est difficile de comprendre ce que l'on entend dire par les mœurs politiques de la nation ; on a accusé, il est vrai, la nation d'indifférence ; mais on se trompe si l'on qualifie d'indifférence le sentiment qu'éprouve aujourd'hui toute la France. Voudrait-on par hasard qu'elle se montrât confiante et fière en présence des résultats de la révolution de juillet. L'homme trompé dans ses espérances, souffre, mais n'est point indifférent.

La réforme prématurée.—Il y a onze ans que la révolution de juillet est accomplie.

Nous avons hâte d'abandonner ces objections ; nous y arrêter serait leur donner plus d'importance qu'elles n'en méritent, plus même que ceux qui les présentent n'y en attachent. Il serait imprudent de parler de l'avenir ; aujourd'hui du moins, personne n'a encore contesté sérieusement les avantages qui doivent résulter de la réforme ; en effet, elle seule peut rendre au gouvernement la force, car, dès lors, il s'appuiera sur la souveraineté nationale ; à la Chambre des députés, l'autorité, car au lieu d'une représentation territoriale, aristocratique, elle deviendra représentation nationale ; enfin, la réforme électorale doit rendre à la nation sa confiance dans l'avenir, et sa sécurité, car toutes craintes de modifications dans la constitution, seront anéanties, dès que le principe de la constitution et les institutions seront en rapport. Cependant, par des raisons plus spécieuses que vraies, on a discuté l'opportunité.

Nous ne voulons pas scruter le sentiment qui a dicté cette objection ; et cependant c'est reconnaître le vice de notre institution, c'est nous exposer à toutes les conséquences désastreuses d'un système de lois provisoires ; c'est laisser planer sur toutes les positions une incertitude funeste, sur toutes les entreprises des chances imprévues, sur toutes nos relations des défiances excusables. N'est-il donc pas temps de mettre fin à ces institutions que l'on a qualifiées de provisoires? car tel fut le mot qui accueillit la constitution.

« Cette constitution faite par les députés provisoires ne
» peut être elle-même qu'une constitution provisoire; les
» citoyens ont le droit de la critiquer sans cesse et c'est
» même un devoir pour les députés de demander un con-
» grès national qui la remplace par une constitution
» définitive. »

Ces paroles appartiennent à Benjamin Constant.

Quelles que soient nos répugnances, il nous faut, avant de terminer, ajouter quelques mots sur la véritable opposition que rencontre la réforme électorale.

Loin de nous la pensée de regarder l'opinion émise par un membre de la majorité, M. Jars, comme celle de la Chambre. Dans la séance du 6 avril dernier, ce député s'élevant contre les incompatibilités, put dire, sans être interrompu, « *le principe déjà si funeste* du gouvernement » parlementaire. » Oh! ne supposons pas que la Chambre en soit arrivée au point de méconnaître son principe. Non; les considérations qui la retiennent sont moins graves; il est pénible de le dire, elles sont toutes personnelles. Du reste, les membres de la majorité se sont plu à nous éviter toute supposition; les considérations générales, tirées d'une prétendue utilité publique, n'ont plus été seules invoquées, l'on a reconnu qu'il serait peut-être à désirer que la France fût digne de recevoir des institutions plus libérales; mais cette concession n'avait pour but que d'amener une conclusion en faveur des représentans actuels, faire entendre qu'il serait impolitique de priver la France de leurs grandes capacités; enfin, pour dernières conclusions, que ce n'était pas à eux de prononcer leur condamnation, plus tard, on a dit que ce serait abandonner leur propre cause (1).

Quant à l'opposition que la réforme trouve dans le pouvoir exécutif, nous la regrettons, mais ne la craignons pas. Son origine n'est pas si éloignée qu'il lui soit possible d'en avoir perdu tout souvenir. Il faut ajouter que quels que soient les actes du pouvoir exécutif, ils sont justiciables des Chambres ; si les Chambres approuvent ces actes, la responsabilité des ministres est couverte et les Chambres seules en sont justiciables à la nation. Si les Chambres désapprouvent, elles doivent accuser les ministres ; mais si elles gardent le silence, ce sont elles encore qui sont justiciables. Aujourd'hui, point de doute que les Chambres n'aient ratifié la politique du gouvernement par leur approbation, par leur silence ; elles sont donc justiciables à la nation, des actes et de la politique du gouvernement.

En résumé, nous reconnaissons que le gouvernement est aujourd'hui fortement organisé ; il s'appuie sur une armée disciplinée, sur des collèges électoraux dont le concours lui est assuré ; la réforme électorale éprouve de la part des trois pouvoirs une opposition résolue, et cependant, dût notre confiance dans l'avenir paraître étrange, nous ne craignons pas de l'avouer.

Nous ne nous bornerons pas à rappeler qu'il fut un temps où un autre gouvernement se crut assez fort pour défier l'opposition nationale : « Nous sommes huit ici, mais la nation est derrière nous ! » Telle fut la réponse.

____

(1) Ne pourrait-on pas rappeler le joli mot du fermier général :

« Pourquoi changer, nous sommes si bien ? »

Nous irons plus loin et nous ne craindrons pas de dire que bientôt il ne sera plus temps de discuter ; ces mots, il est vrai, peuvent paraître renfermer une menace. Si l'on nous accuse, nous rappellerons ces paroles prononcées à la tribune il y a peu de temps : « Il y a tant « d'inconvénien à changer les lois fondamentales, « même quand la société les a dépassées, que ce n'est « qu'à la dernière extrémité et en quelque sorte par « contrainte, qu'un peuple sage doit y consentir. »

(JOUFFROY — *Rapport de la loi des fonds secrets*, 18 février 1841.)

Cependant, c'est à la justice, à la dignité de la Chambre que nous nous adressons pour obtenir la réforme, le moment est propice pour donner au pays, au gouvernement une forte organisation ; les sacrifices personnels que les députés s'imposeront, ne seront pas oubliés par la nation.

Paris. — Imprimerie de E. BRIÈRE, rue Sainte-Anne, 55.